别在该动脑子的时候，动感情

陌 漠 编著

吉林文史出版社

图书在版编目（CIP）数据

别在该动脑子的时候，动感情 / 陌漠编著. -- 长春: 吉林文史出版社, 2019.7（2024.8重印）

ISBN 978-7-5472-6010-4

Ⅰ. ①别… Ⅱ. ①陌… Ⅲ. ①人生哲学—通俗读物 Ⅳ. ①B821-49

中国版本图书馆CIP数据核字(2019)第043308号

别在该动脑子的时候，动感情

BIEZAIGAIDONGNAOZIDESHIHOU，DONGGANQING

编　　著　陌　漠

责任编辑　张雅婷

封面设计　末末美书

出版发行　吉林文史出版社有限责任公司

地　　址　长春市福祉大路5788号

电　　话　0431-81629353

网　　址　www.jlws.com.cn

印　　刷　北京永顺兴望印刷厂

开　　本　880mm×1230mm　1/32

印　　张　4

字　　数　80千

版　　次　2019年7月第1版　2024年8月第2次印刷

定　　价　19.80元

书　　号　ISBN 978-7-5472-6010-4

前 言

有位哲人说过，一个人从1 岁活到80 岁很平凡，但如果从80 岁倒着活，那么一半以上的人都将是伟人。很多人在年老的时候会发出这样的感叹："如果我年轻时懂得这些就好了。"但人生如棋，落子无悔。20岁的时候，我们不动脑子动感觉；30岁的时候，我们不动脑子动感情；40岁的时候，我们不动脑子动经验……因此，生命中遇到的问题，都是为你量身定做的，每一场痛苦背后，都有一个活该：股市中，不动脑子只会赔个精光；职场上的很多错误，是因为在该动脑子的时候动了感情；爱情中受伤的人，不是傻，而是在该动脑子的时候动了感情……动脑子，不是不动感情，而是要会控制我们的情绪。幸福成功的信条里，情商比智商更重要。

不动脑子只动感情，爱情怎么会找上你?

不动脑子只动感情，生活怎么会爱上你?

不动脑子只动感情，成功怎么会傍上你?

人生的道路虽然漫长，但关键处通常只有几步，我们不能什么事情都等到过后才后悔，不能什么道理都等到事后才明白。有些事情，如果在我们年轻的时候就去做；有些道理，如果在我们年轻的时候就能懂得，那么，在未来的三十几岁、四十几岁以及更长的人生道路上，我们就可以少走一些弯路，少经历一些失败，避开工作和生活中的陷阱及情感的暗礁，早一天实现自己的理想，获得成功和幸福。

年轻人还刚刚站在社会人生的入口，没有经验和阅历，容易感情用事。为此，他们常常在该动脑子的时候动感情，并为此迷茫困惑，在十字路口徘徊，难以抉择。而对于年轻人来说，现在的迷茫，会造成10 年后的恐慌，20 年后的挣扎，甚至一辈子的平庸。如果不能尽快冲出困惑，拨开迷雾，就无颜面对10 年后、20 年后的自己。越早找到方向，越早走出困惑，就越容易在人生道路上取得成就、创造辉煌。

本书正是无数成功人士拼搏人生的智慧和经验的总结，每一条都是前人在实践中摸爬滚打，走了无数条弯路，摔了无数次跤，经受了无数次挫折才得来的，为处于人生十字路口不知何去何从的年轻人带来了实质性的指导，引导他们在情感、职场和生活中，如何在该动脑子的时候动脑子，该动感情的时候动感情，帮助他们平衡理智和情感，从而在事业上和生活中获得成功和幸福。

目录

第1章 不做攀附的凌霄花，以树的姿态卓然独立

不过分依赖别人，才能自立于世

上天宠爱那些独立自主、自力更生的人，自立精神是个人发展与进步的动力和根源，生活中各个领域里都少不了它，它是一个人内心强大的真正源泉。

依赖别人会使人失去独立自主性。依赖别人的人不能独立，缺乏创业的勇气，其决断力较差，会陷入犹豫不决的困境，一直需要别人的鼓励和支持，借助别人的扶助和判断。

自力更生与依赖他人是两种完全不同的生活方式，表面看起来二者没有任何联系，甚至是相互排斥不可结合的，但实际上它们之间又存在着一些联系。

人们经常听到这样一句话“人的命，天注定”，其实真正掌握命运的人是自己。一个只盼着上天为自己赐福的人，将永远受制于人，或被人、物所“奴役”，永远享受不到幸福、成功的甘

甜。人在发展、创业的道路上，需要一种坦然的、平静的、自由自在的心理状态。自主是创新的催化剂，如果不能独立做人、自主办事，那么你将注定“享受”平庸。人生最大的悲哀，莫过于别人替自己选择，那样便成了一个被他人操纵的机器，完全失去了自我意识，这样的人生也是可悲的。

心理学家布伯曾说：“凡失败者，皆不知自己为何失败；凡成功者，皆能非常清晰地认识自己。”这里所谓的失败者是指那些不具备独立精神的人；而成功者，在人们眼里其责任心非常强，而且具备顽强的自主能力，他们不会以他人的意志为转移，做任何事情都有一定的主见，换个说法就是，能掌控自己的命运。

一位身有残疾的年轻人，并没有因命运的不公而放弃努力，他以50元钱起步，一直到成为报贩之王，闯出了自己的一片天。他没有靠谁的青睐、谁的施舍来打天下，而是凭着自强不息和聪明才智取得了成功。

他给人们传授了成功的经验，就是自己掌控命运，不被困难打倒，不能把人生设计成打工一族。打工只是初闯天下的权宜之计，并不是自己要走的路，更不是自己想开辟的那片天地。他们懂得坚持原则，同时也要有灵活的策略。他们善于把握时机，摸准“气候”，适时适度，有礼有节。如有需要，“该出手时就出手”，有时需收敛锋芒，攥紧拳头，静观事态发展；有时需要针锋相对，有时又需要互助友爱；有时需要融入群体，有时又需要潜心独处；有时需要紧张工作，有时又需要放松休闲；有时需要坚决抗衡，有时又需要果断退兵；有时需要陈述己见，有时又需要沉默以对；有时要善握良机，有时又需要静心守候。人生中，有许多既对立又统一的东西，能辩证待之，方能取得人生的主动权。

善于驾驭自己命运的人，是最容易取得成功的。在生活的道路上，不要总是让别人牵着走，听凭他人摆布，要有自主意识，绝不能出让驾驭自身命运的权利。

与独立自主的人相比，依赖者会表现出有缺陷的性格倾向——好吃懒做，坐享其成，他们会形成一些特有的症状。他们缺乏社会安全感，于是跟别人保持距离；他们需要别人提供意见，或依赖媒体的报道，经常受外界影响，自己好像没有判断能力；他们潜藏着脆弱，没有机智应变的能力。

生活的真正实质在于独立。如果向一个有依赖性的人问一些问题的话，就会惊奇地发现，他最钦佩的正是那些敢于独立思考、独立行事的人。正因为这样，如果你选择了独立，肯定会活出自己的精彩。

依靠自己成功

1987年的春天，加德纳和夫人埃伦携带1986年1月刚从中国台湾收养的中国男孩本杰明·加德纳，在南京逗留了一个月。他们夫妻带着孩子，出入幼儿园和小学，进行艺术教育的调研和交流，住在南京当时最好的金陵饭店。

金陵饭店是一家位于市中心的豪华宾馆，条件优越，设施齐全，无可挑剔。但是，房间的一把钥匙和儿子本杰明的故事，引发了加德纳对于中国的传统教育和美中教育的比较。

房间的钥匙附着在一个较大的塑料牌子上，牌子上注明了房间号码。宾馆要求客人在离开饭店的时候，连塑料牌子一起留下房间的钥匙。要么交给服务员，要么通过一个插孔，将钥匙放进特定的插座中去。由于插座上的孔是长方形的而且很狭窄，钥匙后面又连着塑料牌，所以必须小心地摆好位置，才能将钥匙紧贴着插座上的钥匙孔放进去。

当时他们的养子本杰明只有一岁半，却非常喜欢携带这把钥匙，并摇晃它使之发出声响。他还喜欢从插座上钥匙孔附近的地方，试着移动钥匙，力图将它插进钥匙孔。由于他年龄太小，又没有使用经验，经常失败。但是本杰明不在乎，可能是喜欢听钥匙与门的撞击声音，或者喜欢这么做时的感觉，他一次又一次地努力，并从中获得极大的快乐。但他往往要失败好几次，钥匙才能进入钥匙孔。

加德纳和妻子埃伦非常高兴本杰明这么做。因为他们一般没有急事，也不认为这种失败有害，本杰明也就有足够的时间尝试这种游戏。但是加德纳夫妇很快就发现附近的服务员，甚至偶尔从旁路过的旅客，都会过来观看。只要他们看到本杰明失败了，就忍不住要“帮忙”。他们把着孩子的手，将钥匙朝向钥匙孔，必要时纠正本杰明的方向，帮助他把钥匙插进孔中。然后，他们就向加德纳和埃伦露出微笑，似乎等待一声感谢。

加德纳夫妇并不愿意表示感谢。因为本杰明没有到处乱跑，旁人没有监护和帮助的必要。父母就在旁边，而且知道他在干什么，并没有进行干预，旁人的“帮忙”使加德纳夫妇非常尴尬。因为他们很清楚地知道父母在孩子社会化的过程中，应该扮演什么角色。在这方面，他们和那些中国的好心人产生了分歧。

当代一部分中国孩子，由于一直是在大人们的严密庇护下生活的，加之家庭的溺爱、学校教育方式的种种缺陷等，不少孩子自小养成了非常严重的依赖心理。日常生活中、学习中稍稍遇到一点儿困难，首先想到的不是依靠自己的力量克服困难，而是求助于别人。长此以往，降低了孩子的生活适应能力，弱化了孩子的心理素质，于孩子将来的生活、事业是极其不利的。

加德纳夫妇静静地听着这些他们不能同意的解释。他们赞成有的时候告诉一个孩子做什么是重要的，他们也不愿意本杰明失望、有挫败感。但是正像加德纳说的，本杰明并没有因为自己失败的尝试而灰心，相反，孩子感到的是高兴。为此，教授夫妇进一步向自己的中国同行说明，大多数美国人对于此事有不同的观点。

首先，加德纳夫妇对于本杰明是否能将钥匙插入钥匙孔并不介意，他们关注的是本杰明是否愉快、是否进行了探索。在这个过程中，如果说他们夫妇袖手旁观的同时想教给孩子点儿什么，就是一个人应该有效地依靠自己的力量去解决遇到的问题。这种依靠自己的价值原则，是美国人养育子女的行为。他们认为，如果手把手地教给孩子怎样准确地做一件事，如将钥匙放进钥匙孔、画一只公鸡，或怎样为做错的事道歉，他不大可能自己领会到完成这个任务的方法。美国人在很多情况下必须学会自己思考、依靠自己解决遇到的问题，甚至自己去发现需要创造性答案的新问题。

而“在家靠父母，出外靠朋友”的中国人则更加习惯于依赖他人，即使父母不在身边，也要寻求朋友的帮助。而美国人，则更强调依靠自己，个人奋斗。

从这个“钥匙和钥匙孔事件”的表面上看，与美国的父母比起来，中国的父母更愿意作为孩子的保护人，更愿意手把手教会孩子做一切事。

所以，重新正视自己，捡回丢掉的意识。一味依赖别人就会迷失自己，生命的蓝图就像满天的繁星，每个人都有自己的位置，依靠自己，挖掘出自己的潜能，找到自己应有的位置，就会领略到人生壮丽的风景。

永远不要把幸福寄托在别人身上

人们在失去爱情时，总是会说一句这样的话：“我实在太爱他了，没有他，我不能活下去。”

很多人都把幸福寄托在别人身上，好像找到了一个相伴过日子的人就找到了幸福。徐浩渊却说，幸福是自己的杰作。

把幸福的希望寄托在别人身上，依赖对方来支撑自己幸福的墙垣，是一种错误。一旦“寄生”关系结束，一旦情感的靠山倒了，你就无法独自站立。

要知道，你才是撑起自己的唯一，只有你真正独立、强大起来，才能构造坚固的幸福堡垒。依靠别人给你幸福，难免会如沙滩蚁穴，狂风巨浪濒临时必将毁于一旦。如果你不能将自己撑起，别人也不可能一直将你撑起，因为任何力量都无法胜过自己强大的内心。

人总是会犯这样的错误，一旦找到那棵“树”，就不惜把自己所有的希望甚至一生一世的幸福都寄托在那个人身上，希望对方将自己当作生命的全部。

哪知道希望越大失望也就越大，因为太过依靠别人，只能让自己陷入不自信中而患得患失。所以别光想着依靠对方给你幸福，假如对方真的能出人头地，有所作为，事情也未必就会朝你希望的方向发展，也许你会被置于一种岌岌可危的境地，因为对方的出类拔萃，带来的可能是“夜不归宿”“红杏出墙”，然后会像扔一件破衣烂衫似的，将你扔得远远的。

那个你用全身心来寄托的人，可能不是你想象中的一座山，不能为你遮风挡雨；不是你梦幻里的一棵大树，不能为你撑住天、撑住地、撑住心灵也撑住身体；他不是救世主，亦不是无所不能的先知……你可能会说：“他答应我，要给我幸福，要一辈子照顾我的。”你可知道，有时候，一个人的诺言很轻，一个人的耐力非常有限。这个世界变化太快，诺言也不是一成不变的，没有人可以保证能承载对方一辈子的幸福，一旦别人不经意间卸下了扛在肩上的你的幸福，那么损失最惨重的人还是你自己。

其实，最保险的幸福就是将命运掌握在自己手中，把幸福寄托在自己身上。人生的幸福并非是别人给予的，而是由自己定义并抒写的。

人从剪断脐带的那一刻起，就是一个独立的个体了，每个人都只有依靠自己才能获得真正的幸福。有时候，感觉幸福缥缈不定是因为我们最大的错误来源于本身对“绳子”的过分依赖，我们的幸福藏在自己手里，如果过分依恋那根“绳子”，只会迷失幸福的方向。

依赖是一种束缚，依赖别人可能会使你幸福，但也可能会为你带来痛苦。比尔·盖茨曾说：“依赖的习惯是阻止人们走向成功的绊脚石，要想成大事，你必须把它们一个个踢开。只有靠自己取得的幸福，才是真正的幸福。”

如果你现在已经感觉到依赖束缚了你的幸福，那就快快剪断那根桎梏你的“绳子”吧，只有这样，你才能迈开轻松的脚步去追求自由畅快的幸福。要记住：你的幸福只掌握在自己的手里。

一个真正懂得幸福的人，也必然懂得怎样恪守自己的独立性，因为他知道，对别人的依赖，实际上就是对幸福的出卖。

还是把幸福把握在自己手中吧，别在寄托中迷失了自我，迷失了方向，那样，我们的幸福才会更长久！

活在自己的心里，而不是别人的眼里

人活着想要快乐似乎挺难的，我们好不容易做成一件事情，以为会得到领导的嘉许，但是却没有，我们会因此失落。而别人的一句打击，也有可能将我们的心情彻底毁坏。实际上很多时候，我们不快乐是因为太在乎周围人的眼光。别人的夸奖对你的意义远远大于你对自己的看法，但是在我们生活的这个世界里，他人怪异的眼光和恶毒的话语是常常存在的，你总是要面对这些，与其总是被其打扰，还不如让我们把这些事情像Photoshop（一种图像处理软件）的蒙版一样把它蒙起来，这样我们的心情就一定能平静下来。

什么样的人太在乎别人的“眼光”呢，你不妨去周围观察一下，活在别人评价里的人，往往是没有主见没有自我、不敢表达自己个性、总是依靠别人的评价过日子的人，这样的人只会畏首畏尾地生活，养成愈发没有主见的性格，从而彻底失去自我。

一个没有自我、没有个性的人肯定无法成就大事，也不可能发现自己的价值所在。

有的时候，我们为了活出别人眼中的精彩，常常丢弃了自己的意愿，在别人的标准、评判中找寻自我价值。我们总是被他人的评价所左右，别人的一句话就足以泯灭我们所有的信心，所以我们总是缺乏自信，常常活得很累。

但是这样疲惫的生活给我们带来了什么呢?

太在乎别人的看法只能扰乱自己的方寸，而使自己活得愈加沉重，我们自以为牺牲掉自我意愿而换来的良好评价，实际上完全不可能实现。因为别人的评价标准多种多样，我们不可能满足，而且无法真正实现自我。

因此只有我行我素，不因为别人的目光而违背自己的心意，尊重自己的生活方式，活出自己的精彩，做自己真正想做的事、想做的人，才会达到快乐自在的人生状态，就像燕子只会在碧空里飞翔，不会像鱼一样去海洋中游弋一样。

别人对你的评价并非都是完全正确的，甚至很有可能误导你。因为每个人的评价都是根据自己的认知、经验来判断的，既不全面也不客观，所以对你而言，这样的评价的参考意义是值得商榷的。

别人眼中的你只不过是你的表面或一个方面，真正全面、清楚了解自己的还是你自己，所以，你没有必要从别人的口中去了解自己。勇敢地活在自己的心里而不是别人的眼中吧，唯有如此，你才能获得真正的幸福。

不要一味讨好别人，要学会为自己活着

有时候我们为了获得别人的认同，而不得不讨好别人，尤其是当我们断定在茫茫人海中可以找到一个心爱的人——这个人就是他的时候，我们会觉得这是多么大的福气，或许没有你想象的

那么好，但应该也不会糟糕到哪里，所以就会好好珍惜，多说关怀话，少说责备话，甚至慢慢地，我们就越来越习惯于讨好他，只要他快乐，我们就觉得满足。

但是，珍惜和讨好并不是同一个概念。

如果你懂得珍惜，你会发现你获得的越来越多；如果你一味讨好，你会发现你失去的越来越快。爱情合理就好，不要委屈将就，你只要知道彼此虽然有缺点，但保有一种淳朴的可爱就足够了。

很多人一生都在悲微地讨好人，还以为是在爱护人，甚至会为了讨好别人而改变自己。做好自己的本分，不要为了讨好别人而改变自己。

细细注意一下自己每日的言行举止，有没有发现自己很多时候都是在讨好别人。

其实，讨好是源自内心的一份需求和期待，是希望对方能够满足我们，给我们认可、肯定、赞美、温暖和支持。

当我们带着对别人的需求和期待，试图去“讨好”对方，如果对方满足了我们，我们就有了一种体验叫“满足”；如果对方没有满足或者干脆忽略，我们就有了另一种体验叫“受伤”。“满足”之后我们会不断重复地使用“讨好”的方式直到对方无法满足我们时，我们也开始“受伤”，然后“受伤”的人要么独自品尝“受伤”，不断地“伤害”自己，要么将这份“受伤”扔还给对方，就成了“伤害”对方。

这样的关系是一种恶性循环，并不是真正有利于自身的人际关系。

当你试图发个短信，当你试图要开始聊天，当你试图开口说话之前，可以问问自己：我想要做什么？是想要讨好对方，还是想要真诚地表达我真实的感受？还是希望对方给我一个我想要的回应？看清楚每个动作背后的动机，或许，你会省掉很多“讨好”的动作。

如果在关系中，我们恐惧真诚的表达，恐惧面对真相，恐惧关系之间的“不讨好”，那么，我们迟早是要“受伤”的。

我们必须要改变这种恐惧——做个真诚的人。

崇拜偶像，倒不如崇拜自己

每个人都有偶像情怀，你我也不例外。在这样的情结下，你可能觉得自己很微不足道，但实际上，只要你存在着，你就是一个顶立在天地间的“巨人”——而且还是一个独一无二不可复制的巨人。所以，与其在别人身上寻找崇拜感，还不如把自己当作偶像。崇拜自己，会在无形中完善自我。

崇拜自己能够让你活得更有力量。就算你只是一曲不知名的歌、一颗不被关注的星星、一首不押韵的诗歌，但你仍可以活出自己，为自己迎来灿烂夺目的朝阳。

很多时候，你会被人问到最崇拜的偶像是谁，你的答案可能是某一个明星，例如玛丽莲·梦露、奥黛丽·赫本，也可能是一个企业家，像史蒂夫·乔布斯、比尔·盖茨。是的，活了这么多年，你心里可能对自己的未来有着种种期待，希望自己像那些成功人士一样拥有璀璨夺目的人生，但你想过没有，为什么不大声回答：我最崇拜我自己呢？

这样的答案，或许一时无法被理解，也有可能招来白眼，甚至还会有人向你丢来臭鸡蛋。因为你太平凡、太渺小，和那些光辉夺目的人物相比不值一提，但是，我们大部分人不都是渺小的个体，在这个惊艳华美的世界中就像一根杂草般的存在吗？

但你不需要自卑，就算我们永远不可能成为万人迷，仍然值得被自己尊重。

别说你很渺小，别在意你的微不足道，在这个世界上，你是独一无二的，没有人和你完全一模一样。尽管你不为人所知，但是你在尽自己微薄的力量来填补世界的缺憾。同时你的思维并没有停止，只要思想的力量在，你仍有可能撬动地球不是吗？你的生命之曲，已经被你演奏得铿锵作响，你还有什么理由不崇拜自己呢？

从呱呱坠地的那一刻起，你就不再是一个渺小的细胞，你就是这世界上独特的一分子，因此，要活得轻松，要活得自在，要活得精彩，必须把“自视渺小”转换成“自我崇拜”！

自我崇拜并不是自以为是和妄自尊大，它是一种对自己的肯定，是一种主宰生活的气概，是一种开明的思想，更是把握自己命运的魄力。不管你是显贵，还是贫民；不管你是白领，还是文盲，你都是一个独立的个体，靠自己的力量生活着，在人格面前，所有的人都是平等的。所以，你有充分的理由崇拜自己。如果你的眼里只有别人的荣光，怎么能看到自己的不平凡呢？

从此不再为了生活而讨好别人

有时候我们觉得生活很累，尤其是在人际关系当中。其实，很多时候，我们为了与人相处，不得不委屈自己。

为了人际关系的和谐，偶尔隐忍是需要的，但凡事都有底线，每个人都有自己的原则，如果不懂得把握原则，或者总是为了和谐而突破自己的底线，结果只会适得其反。生活中有很多这样的例子，一味地讨好并不见得能得到我们原本希望的和谐，凡事要按行为准则和做人原则去把握，反而能得到别人的尊重。生活中太过讨好别人，只会忽略了自己，更容易被别人忽视。到头来会更痛苦，所以，在和任何人交往中，最重要的是要珍爱自己。

有时候，为了拥有更融洽的人际关系，我们不得不努力去讨好别人，尽管自己心中满是委屈。当我们积极地掌控自己的情绪，甚至产生主宰资源、操控别人的意图，以为这样就可以达到自己想要的目的，可是到头来才发现自己其实很不开心。

这样的讨好会失去自我，会更不开心。有时候我们觉得花太多时间去迎合、取悦别人，潜藏的动机是借此获取更多的好处和保障。但是回过头来想一想，你对这样的放弃真的满意吗？

无论对待爱人、同事、朋友，还是陌生人，付出感情或心力之前，都要先斟酌一下：你所付出的这些，到底是心甘情愿还是被迫勉强的？唯有心甘情愿出自真心，才是值得的。

人生苦短，何必费力讨好别人，好好爱自己吧。和别人相处时唯独没有勉强，事后才不会后悔，才是值得的行为。

托付心态的爱是毒药

当你有所依赖的时候，你就会因为担心失去而恐惧；当你有所恐惧时，你就会委屈自我来迎合对方，而当你失去自我，对方的爱也就土崩瓦解。为什么？你已经不是你了，对方的爱哪里还有附着的对象？爱情遵循平等原则，要求双方能为彼此带来直接或者间接的好处，比如关注、爱、满足等。爱情的维系需要实现索取和回报的动态平衡，同时要求在爱的关系中保持自我，达到“我”和“我们”的平衡。任何一个平衡被破坏，爱情关系都不能长久。

因此，托付心态非常危险，是爱情的毒药。既然爱情遵循平等原则，女性就要保证自己有足够的吸引力，比如智慧、独特的思想、独特的气质等。当年轻的你与钻石王老五在一起的时候，你们之间会有巨大的鸿沟，你需要迅速成熟来获取与对方相当的社会经验，这可能会让你感到压抑、委屈甚至折磨。因此，经营自己的能力更重要。在失恋之后，保护好爱的能力，给以后的人。当我们能把握自我的时候，两个人的关系才能更好。时刻保持警觉，维护爱情，保持自我，这样，才不会输得很惨。

我们的生活越来越好了，但是年轻人却越来越不愿意吃苦了，把吃苦等同于受罪。在选择职业的时候，总是担心选择失误，往往因此错失很多机会。工作是这样，爱情也是这样。其实，即使选择错了，经历了失败的痛苦，你才能明白自己真正想要的是什么，也更能积聚坚持的毅力。选择中遇到的困难和风险是推动前进的动力，是成长的机缘。先有行动，才有机会，行动会带来更多的机会和可能性。

未来取决于今日，幸福总有一种可能。

一生必爱一个人——你自己

每个人都不可能完美无缺，只有从内心接受自己、喜欢自己、坦然地展示真实的自己，才能拥有成功快乐的人生。伟大的哲学家伏尔泰曾言："幸福，是上帝赐予那些心灵自由之人的人生大礼。"这句话足以点醒每一个追求幸福的人：要做幸福的人，你首先要当自己思想、行为的主人。换言之，你只有做自己，做完完全全的自己，你的幸福才会降临！这就是幸福的秘密。

我们都要知道，在这个世界上，你是自己最要好的朋友，你也可以成为自己最大的敌人。在悲喜两极之间的抉择中，你的心灵唯有根植于积极的乐土，你的自信才能在自爱中获得对人对己的宽宏。学会从内心善待自己，你会觉得阳光、鲜花、美景总是离你很近。你平和的心境是滋养自己的优良沃土。

爱自己首先要按自己喜欢的方式去生活。因为我们要想生活得幸福，必须懂得秉持自我，按自我的方式生活。如果你一味地遵循别人的价值观，想要取悦别人，最后你会发现“众口难调”，每个人的喜好都不一样，失去自我，便是自己人生痛苦的根源。

第2章 人生不止眼前的苟且，还有梦想和远方

盲目地选择爱情，是不幸的序曲

进入青年时代的人，往往面临着一个亘古常新的课题，那就是爱情。它不知不觉地，悄悄地潜入你的心扉，撞击你的心灵。但是爱情，它可能使你获得无比的幸福，也可能使你坠入不幸的深渊；它可能使你有个腾飞的起点，也可能给你划出一条失足的轨迹。

我们可以勇敢地去追求爱情，却不能在盲目中谈一场恋爱，因为爱情不仅仅是海誓山盟，还意味着对对方的责任。成熟的爱情也不单只是你情我愿，那是一种思想与心灵更深的交融，是在茫茫人海中感觉到的那一缕绚烂的光辉，它不因时间的推移而消失，而是爱得更加深刻。因此生活中，掌握好恋爱的规律，不盲目地恋爱，才能驾驭好人生之舟，才能获得幸福。

爱情的花朵只有在欣赏中才能绽放

《圣经》中神对男人和女人说："你们要共进早餐，但不要在同一碗中分享；你们要共享欢乐，但不要在同一杯中啜饮。像一把琴上的两根弦，你们是分开的也是分不开的；像一座神殿的两根柱子，你们是独立的也是不能独立的。"

这段话形象地说明了婚姻关系中两个人的韧性关系，拉得开，但又扯不断。谁也不能过度地束缚对方，也不能彼此互不关心，有爱，但是都在适度的范围之内，这才是和谐的婚姻。可是很多人似乎并不能体会到婚姻的真谛，在他们眼里，对方身上有很多缺点，他们常常试图通过各种途径让对方改掉坏习惯。可是习惯的产生是日积月累的作用，在自己身上已经存在了十几或者几十年，当然不会轻易改掉。于是夫妻之间的矛盾就产生了。

夫妻之间产生争执的主要原因，是他们把婚姻当成一把雕刻刀，时时刻刻都想用这把刀按照自己的要求去雕塑对方。为了达到这个目的，在婚姻生活中，一方当然就希望甚至迫使另一方摒除以往的习惯和言行，以符合自己心中的理想形象。但是有谁愿意被雕塑成一个失去自我的人呢？于是"个性不合""志向不同"就成了雕刻刀下的"成品"，离婚就成了唯一的一条路。

每个人本身都是"艺术品"，而不是"半成品"，人人都企望被欣赏，而不愿意被雕塑。所以，不要把婚姻当成一把雕刻刀，老想着把对方雕塑成什么模样。婚姻需要的是一种艺术的眼光，要懂得从什么角度欣赏对方，而不是去束缚对方，彼此之间的空间太小了，谁都会感到不安。

婚姻，不是一个人的付出，只有两个人同心协力，才能营造一个温暖的家。可是并不是所有的人都能注意到对方的付出，甚至有的人会把对方的付出看作是想当然的。如果对方稍微有什么地方做得不好，就加以指责，这样的做法无疑会伤害对方的心，会让他觉得一切的努力都白费了。

爱一个人，就应该让他感觉到幸福，而不是要给他原本疲惫的心灵增加新的创伤。所以，在夫妻生活中，一定要相互扶持、相互欣赏、相互鼓励。虽然因为个性的不同，两个人没有办法完全融为一体，但是一定要让对方感受到你的存在，让他体会到你对他的欣赏和爱护。在他犯错的时候，给予善意的提醒，而非指责，有时候一个善意的眼神也会让对方觉得很温暖；在他犯傻的时候，给予适当的爱抚，告诉他“你真可爱”，一句看似不经意的话语，却可以激起爱的涟漪，让对方感受到你的体贴。

每个人都会有缺点，但是相爱的人能在对方的缺点中找寻到对方的闪光点，能在对方的不足中寻找到内心的满足。学会欣赏，总是能让爱情更甜蜜，让婚姻更美满。

走好爱情的斑马线

爱情必须是双向的才能开花结果，所以在对待爱情这条路时，必须要遵守红绿灯规则。

爱情是维系社会的一股力量，既然人是因爱而生，就不能离开爱。爱有正当的，有不正当的，正当的爱就是绿灯，不当的爱就是红灯。

放弃一个爱你的人并不痛苦，放弃一个你爱的人才痛苦，爱上一个不爱你的人更加痛苦。爱情必须是双向的才能开花结果，所以在爱情这条路上，必须要遵守红绿灯规则。

真正的爱情，即便是在情感浓厚的时候，也不失去理智；只有在双方自愿的情况下结合，爱情才会长久。虽然爱情常会令人变得盲目，但理智还要存在于相爱之人的心中。如果爱得过分，乱了方寸，失了方向，最后不知道该怎样去爱对方，这样的爱通常都会滋生无尽的痛苦和烦恼。

人所共知，爱情之火活跃、激烈、灼热。但爱情也是一种变化无常的感情，它狂热冲动，时高时低，忽冷忽热，把我们系于一发之上。爱情的不定性让人们常常失去理智。所以人们应当了解哪些是红灯的爱，哪些是绿灯的爱。

在爱情这条斑马线上，需要看清红绿灯，才能审慎前进，才能让自己在爱情的道路上走得更加顺畅，获得幸福的生活。

在深爱中保持自我

再圣洁、再炽热的爱情也是需要私人空间的。

爱一个人，就是无时无刻形影不离吗？

爱一个人，就是完完全全地占有吗？

爱一个人，就是什么都为他（她）做、什么都为他（她）想吗？

爱的执着，这个问题，我们最先想到的往往是女人。有人说，热恋中的女孩智商最低，往往看不清自己，很容易铸成大错。所以，在此提出一些忠告，希望能使她们清醒，希望她们不要把自己丢得太远。

不要太娇贵。现在女孩大多都很娇贵，她们从小受到父母的宠爱，在家中都是有求必应，稍不如意，就吵闹或撒娇。久而久之，使她们养成娇柔、傲气的性格，平时遇到半点儿困难就唉声叹气，最终会使男友厌烦。

不要太柔弱。有些女孩喜欢读徐志摩、席慕蓉的诗。读了《红楼梦》就把自己当作林黛玉，经常自怜自叹。这样的女孩子因为平时缺乏体育锻炼，所以身体柔弱多病，大部分男人都不希望自己未来的妻子是这样。

不要太尖刻。女孩子最不可取的性格就是尖刻。这些女孩大都长得很漂亮。走路时，她们绝不允许男友的目光在别的女子身上游荡。偶然有之，她们会红颜大怒。男友一时会被她们的相貌吸引，时间一久，容颜渐失，她们就没有任何优势，不能把爱留得长久。

不要太浅薄。现在的社会诱惑太多，浅薄型的女孩往往很早就涉足社会，读书不多，没有较深的思想内涵，她们常因为一些常识性的问题而让人取笑。和男友在一起，她们不懂幽默，无法理解男友语言的精华。因此男友会感觉很枯燥，没有乐趣可言。一些女孩子尽管受过一定程度的教育，但是缘于个人修养或品质方面的原因，依然是浅薄的。

然而更为重要的是，不要丧失了自己的独立个性。爱他的同时也要尊重自己。热恋中的女孩很容易丧失自己的独立人格，她完全在爱中迷失掉了。

爱情，只有相爱的两个人心心相印地沟通，才是可能长久的。爱他（她）的同时，也要尊重自己。

如果深爱对方不要试图改变自己去适应对方。可能当初我们真的是由于自己不懂，不知道什么叫爱情、什么叫尊重，或许直到某一天我们才会明白，尊重对方的个性也是一种爱。用包容的胸怀宽恕自己爱人的缺点，给他（她）一个自己的空间，给自己也留一个自由的空间，在平淡无奇的生活中演绎经典，在无声无语的交流中演绎这份爱。这样，即使是不经意的爱情也将变得永恒。

真正的爱情并不只在我们的想象中，它是一个实际的过程，要在细碎的小事中去体味。两个人相爱，他（她）即是他（她），你即是你；他（她）又是你，你又是他（她）。两个人相互融合，又彼此独立。这个融合的过程就是在互相的交流碰撞中学会接纳、信任、宽容和关爱对方。在这个过程中，又千万不要忽略彼此的个性。两个人彼此依恋、关怀、爱慕，但并不应该过分地依附与妥协。是的，让对方感到快乐是很重要的，但并不代表是一味地去取悦对方。彼此都感觉快乐才是最重要的，这也是爱情的魔力所在。

在人的潜意识里，付出总是希望得到回报的，你放弃自我地去付出，势必在内心深处想要得到的就更多，这是一种补偿心理，也是动机的源头，你必须正视。就像饿了要吃饭、渴了要喝水一样，你爱他多一些，当然会希望他更加爱你，不是吗？然而这就好比藤和树的关系，攀附得太紧，谁也无法存活。

再圣洁、再炽热的爱情也是需要私人空间的。尽管有家的形式，但在同一个屋檐下的两个人也是彼此独立的。谁也不是谁的附属，应该像两棵彼此独立的树一样，肩并肩地去应对生活中的风风雨雨。在全心全意爱对方的同时，也要为自己留一片天空，让心灵能够自由地呼吸，也让爱情能够自由地呼吸。唯有如此，我们才能在深爱对方之时不至于迷失方向。

每个人都需要一个伟大的梦想

美国一位哲人曾这样说过：“很难说世上有什么做不了的事，因为昨天的梦想，可以是今天的希望，并且还可以是明天的现实。”梦想是什么呢？梦想是对美好未来的向往与追求，它在我们的生命中是不可或缺的。没有泪水的人，他的眼睛是干涸的；没有梦想的人，他的世界是黑暗的。

梦想对一个人是很重要的，一个没有梦想的人，就像断了线的风筝一样，没有任何的方向和依靠，就像大海中迷失了方向的船，永远都靠不了岸。只有梦想可以使我们有希望，只有梦想可以使我们保持充沛的想象力和创造力。要想成功，必须具有梦想，你的梦想决定了你的人生。

梦想能激发人的潜能。心有多大，舞台就有多大。人是有潜力的，当我们抱着必胜的信心去迎接挑战时，我们就会挖掘出连自己都想象不到的潜能。如果没有梦想，潜能就会被埋没，即使有再多的机遇等着我们，我们也可能错失良机。

有了梦想，你还要坚持下去，如果半途而废，那和没有梦想的人也就没有区别了。如果你能够不遗余力地坚持，就没有什么可以阻止你的理想的实现。

梦想是前进的指南针。因为心中有梦想，我们才会执着于脚下的路，坚定自己的方向不回头，不会因为形形色色的诱惑而迷失方向，更不会被前方的险阻而吓退。

好好规划自己的人生之旅

人之一生，背负的东西太多，钱、权、名、利，都是我们想要的，一个也不想放下，压得我们喘不过气来。人生中有时我们拥有的太多太乱，我们的心思太复杂，我们的负荷太沉重，我们的烦恼太无绪，诱惑我们的事物太多，大大地妨碍了我们，无形而深刻地伤害了我们。生命如舟，载不动太多的欲望，怎样使之在抵达彼岸时不在中途搁浅或沉没？我们是否该选择放下，丢掉一些不必要的包袱，那样我们的旅程也许会多一些从容与安康。

明白自己真正想要的东西是什么，并为之而奋斗，如此才不枉费这仅有一次的人生。英国哲学家伯兰特·罗素说过，动物只要吃得饱，不生病，便会觉得快乐了。人也该如此，但大多数人并不是这样。很多人忙碌于追逐事业上的成功而无暇顾及自己的生活。他们在永不停息的奔忙中忘记了生活的真正目的，忘记了什么是自己真正想要的。这样的人只会看到生活的烦琐与牵绊，而看不到生活的简单和快乐。

我们的人生要有所获得，就不能让诱惑自己的东西太多，不能让努力的方向过于分叉。我们要简化自己的人生，要学会有所放弃，要学习经常否定自己，把自己生活中和内心里的一些东西断然放弃掉。

仔细想想你的生活中有哪些诱惑因素，是什么一直干扰着你，让你的心灵不能安宁，又是什么让你坚持得太累，是什么在阻止着你的快乐。把这些让你不快乐的包袱通通扔弃。只有放弃我们人生田地和花园里的这些杂草害虫，我们才有机会同真正有益于自己的人和事亲近，才会获得适合自己的东西。我们才能在人生的土地上播下良种，致力于有价值的耕种，最终收获丰硕的粮食，在人生的花园采摘到鲜丽的花朵。

所以，仔细想想你在生活中真正想要什么，认真检查一下自己肩上的背负，看看有多少是我们实际上并不需要的，这个问题看起来很简单，但是意义深刻，它对成功目标的制定至关重要。

要得到生活中想要的一切，当然要靠努力和行动。但是，在开始行动之前，一定要搞清楚，什么才是自己真正想要的。要打发时间并不难，随便找点儿什么活动就可以应付，但是，如果这些活动的意义不是你设计的本意，那你的生活就失去了真正的意义。你能否提高自己的生活品质，并且使自己满足、有所成就，完全看你能否决定自己真正需要什么，然后能不能尽量满足这些需要。

生活中最困难的一个过程就是要搞清楚我们自己究竟想要什么。大多数人都不知道自己真正想要什么，因为我们不曾花时间来思考这个问题。面对五光十色的世界和各种各样的选择我们更不知所措，所以我们会不假思索地接受别人的期望来定义个人的需要和成功，社会标准变得比我们自己特有的需求还要重要。

我们总是太在意别人的看法，以致我们下意识地接受了别人强加于我们的种种动机，结果，努力过后才发现自己的需求一样都没能满足。更复杂的是，不仅别人的意见影响着我们的欲望，我们自己的欲望本身也是变化莫测的。它们因为潜在的需要而形成，又因为不可知的力量日新月异。我们经常得到过去十分想要的，而现在却不再需要的东西。

如果有什么原因使我们总是得不到自己想要得到的东西的话，这个原因就是你并不清楚自己到底想什么。在你决定自己想要什么、需要什么之前，不要轻易下结论，一定要先做一番心灵探索，真正地了解自己，把握自己的目标。只有这样，你才能在生活中满意地前进。

做主宰自己命运的主人

如果说生命是一艘航船，那么我们对舵的把握程度，就决定了我们拥有怎样的人生。一个人的命运好不好，首先是自己决定的。敢于主宰和规划人生，奇迹便会不断产生。

世界上的人基本上分为两大类：一种人拥有积极乐观的人生态度，而另外一种人拥有消极悲观的人生态度。不同的人生态度，决定不同的人生结果。那些积极乐观的人，总是自己掌握自己的命运之舵，从而顺利到达幸福的彼岸；而那些消极悲观的人，总是把自己的命运之舵交给别人，或者依靠所谓的命运之神，结果永远在苦海里挣扎。如果有了积极的心态，又能不断地努力奋斗，那么世上一切事情都有成功的可能。如果既没有积极的心态，又不肯好好去努力，那么将永远和幸福失之交臂。

亨利曾经说过："我是命运的主人，我主宰我的心灵。"做人应该做自己的主人，应该主宰自己的命运，而不能把自己交付给别人。然而，生活中许多人却不能主宰自己，有的人把自己交付给了金钱，成为金钱的奴隶；有的人为了权力，成了权力的俘虏；有的人经不住生活中各种挫折与困难的考验，把自己交给了上帝；有的人经历一次失败后便迷失了自己，向命运低头，从此一蹶不振。

一个不想改变自己命运的人，是可悲的；一个不能靠自己的能力改变命运的人，是不幸的。一个人想获得成功，必定要经过无数的考验，而一个经受不住考验的人是绝对不能干出一番大事的。很多人之所以不能成就大事，关键就在于无法激发挑战命运的勇气和决心，不善于在现实中寻找答案。古今中外的成功者，无不是凭借自己的努力奋斗，掌控命运之舟，在波峰浪谷间破浪扬帆。

每个人都要努力做命运的主人，不能任由命运摆布自己。像莫扎特、梵·高这些历史上的名人都是我们的榜样，他们生前都遭遇过许多挫折，但他们没有屈服于命运，没有向命运低头，而是向命运发起了挑战，最终战胜了命运，成为自己的主人，成了命运的主宰。

目标有价值，人生才有价值

关于人生，关于价值，著名哲学家黑格尔有一个著名的论断，他说："目标有价值，人生才有价值。"可见目标对于人生的重要性，只有了解了自己为何有此一生，确立了自己所要完成的目标，人生才会更有意义。因此，我们要树立自己的目标，而且要树立有价值的目标。

塞涅卡有句名言说："如果一个人活着不知道他要驶向哪个码头，那么任何风都不会是顺风。有人活着没有任何目标，他们在世间行走，就像河中的一棵小草，他们不是行走，而是随波逐流。"

没有目标的人生就像没有方向的航船，只能在海上漫无目的地漂泊。为了掌握自己的人生，先要明确你的目标，找到努力的方向，再立即采取行动，不断努力提高自己的能力，促进自己的成长，就能获得满意的人生。

第3章 你的孤独，虽败犹荣

寂寞成长，无悔青春

每个想要突破目前的困境的人首先都需要耐得住寂寞，只有在寂寞中才能催生一个人的成长。

曾有人在谈及寂寞降临的体验时说："寂寞来的时候，人就仿佛被抛进一个无底的黑洞，任你怎么挣扎呼号，回答你的，只有狰狞的空间。"的确，在追寻事业成功的路上，寂寞给人的精神煎熬是十分厉害的。想在事业上有所成就，自然不能像看电影、听故事那么轻松，必须得苦修苦练，必须得耐疑难、耐深奥、耐无趣、耐寂寞，而且要抵得住形形色色的诱惑。能耐得住寂寞是基本功，是最起码的心理素质。耐得住寂寞，才能不赶时髦，不受诱惑，才不会浅尝辄止，才能集中精力潜心于所从事的工作。耐得住寂寞的人，等到事业有成时，大家自然会投来钦佩的目光，这时就不寂寞了。而有着远大志向却耐不住寂寞，成天追求热闹，终日浸泡在欢乐场中，一混到老，最后什么成绩也没有的人，那就将真正寂寞了。其实，寂寞不是一片阴霾，寂寞也可以变成一缕阳光。只要你勇敢地接受寂寞，拥抱寂寞，以平和的爱心关爱寂寞，你会发现，寂寞并不可怕，可怕的是你对寂寞的惧怕；寂寞也不烦闷，烦闷的是你自己内心的空虚。

如果你真正的最爱是文学，那就不要为了父母、朋友的意见而去经商；如果你真正的最爱是旅行，那就不要为了稳定选择一个一天到晚坐在电脑前的工作。

你的生命是有限的，但你的人生却是无限精彩的。也许你会成为下一个李安。

但你需要耐得住寂寞，七年你等得了吗？ 很有可能会更久，你等得到那天的到来吗？别人都离开了，你还会在原地继续等待吗？

一个人想成功，一定要经过一段艰苦的过程。任何想在春花秋月中轻松获得成功的人距离成功遥不可及。这寂寞的过程正是你积蓄力量，开花前奋力地汲取营养的过程。如果你耐不住寂寞，成功永远不会降临于你。

你的孤独，虽败犹荣

在这个世界上，每一个人都经历过无数次的失败。当然，也包括富人在内，他们的成功也并非是一帆风顺的。

没有人不想成为富人，也没有人不想拥有财富，但很多人在追求财富的过程中要么被困难打败，要么对挫折望而却步、半途而废。如果我们换个角度来看问题就不一样了：世界上根本就没有所谓的失败，只有暂时的不成功。这也正是富人们的信条，正是因为在他们的字典里没有“失败”，他们才不会放弃，才会继续努力，他们知道不成功只是暂时的，总有一天他们会成功！

金融家韦特斯真正开始自己的事业是在17岁的时候，他赚了第一笔钱，也是第一次得到教训。那时候，他的全部家当只有255块钱。他在股票的场外市场做掮客，在不到一年的时间里，他发了大财，一共赚了168000元。拿着这些钱，他给自己买了第一套好衣服，在长岛给母亲买了一幢房子。但是这个时候，第一次世界大战结束了，韦特斯以为和平已经到来，就拿出了自己的全部积蓄，以较低的价格买下了雷卡瓦那钢铁公司。“他们把我剥光了，只留下4000元给我。”韦特斯最喜欢说这种话，“我犯了很多错，一个人如果说他从未犯过错，那他就是在说谎。但是，我如果不犯错，也就没有办法学乖。”这一次，他学到了教训。“除非你了解内情，否则，绝对不要买大减价的东西。”

他没有因为一时的挫折而放弃，相反，他总结了相关的经验，并相信他自己一定会成功。后来，他开始涉足股市，在经历了股市的成败得失后，他赚了一大笔。

1936年是韦特斯最冒险的一年，也是最赚钱的一年。一家叫普莱史顿的金矿开采公司在一场大火中覆灭了。它的全部设备被焚毁，资金严重短缺，股票也跌到了3分钱。有一位名叫陶格拉斯·雷德的地质学家知道韦特斯是个精明人，就说服他把这个极具潜力的公司买下来，继续开采金矿。韦特斯听了以后，拿出35000元支持开采。不到几个月，黄金挖到了，离原来的矿坑只有213英尺。

这时，普莱史顿的股票开始往上飞涨，不过不知内情的海湾街上的大户还是认为这种股票不过是昙花一现，早晚会跌下来，所以他们纷纷抛出原来的股票。韦特斯抓住了这个机会，他不断地买进、买进，等到他买进了普莱史顿的大部分股票时，这种股票的价格已上涨了许多。

这座金矿，每年毛利达250万元。韦特斯在他的股票继续上升的时候把普莱史顿的股票大量卖出，自己留了50万股，这50万股等于他一分钱都没有花。

韦特斯的成功告诉我们，不要害怕失败，财富的获得总是在失败中一点点积累的，很少有一夜暴富，而且一夜暴富的财富也总是不长久的。这便是富人们不怕失败的原因，失败也是一种财富。

每一只惊艳的蝴蝶，前身都是不起眼的毛毛虫

成功贵在坚持，要取得成功就要坚持不懈地努力，很多人的成功，也是饱尝了许多次的失败之后得到的，我们经常说什么“失败乃成功之母”，成功诚然是对失败的奖赏，但却也是对坚持者的奖赏。

古往今来，那些成功者们不都是依靠坚持而取得成就的吗？

被鲁迅誉为“史家之绝唱，无韵之离骚”的《史记》，其作者司马迁，享誉千古的文学大师，可是他取得这么大的成就是在什么情况下呢？

汉武帝为了一时的不快阉割了堂堂的大丈夫，那是多么大的耻辱啊，而且这给他带来的身心伤害是多么的巨大！从此，他只能在四处不通风的炎热潮湿的小屋里生活，不能见风，不能再无畏地欣赏太阳、花草，换一个人，简直就活不下去了。

司马迁也曾想过死，对于当时的他来说，死是最容易的解脱方法了。可是他心中始终有一个梦想，他的梦想就是写一部历史的典籍，把过去的事记下来，传诸后世，为了这个梦，他坚持了下来，忍受了身体的痛苦，忍受了别人歧视的目光，坚持着在严酷的迫害下活着，以继续撰写《史记》，并且终于完成了这部光辉著作。

他靠的是什么？只有两个字：坚持。如果他在遭受了腐刑以后，丧失一切斗志，那么我们现在就再也看不到这本巨著，吸收不了他的思想精华。所以他的成功、他的胜利，最主要的还是靠坚持。如果真的可以有对比，他的著作所带给我们的震撼倒在其次了，他的坚持的精神所激励鼓舞我们的更多。

功到自然成。成功之前难免有失败，然而只要能克服困难，坚持不懈地努力，那么，成功就在眼前。

石头是很硬的，水是很柔软的，然而柔软的水却穿透了坚硬的石头，这其中的原因无他，唯坚持而已。我们在黑暗中摸索，有时需要很长时间才能找寻到通往光明的道路。以勇敢者的气魄，坚定而自信地对自己说，我们不能放弃，一定要坚持。也只有坚持，才能让我们冲破禁锢的蚕茧，最终化成美丽的蝴蝶。

不喧哗，自有声

人生最大的自由，莫过于选择成败，成功者寥若晨星，更少有人留名青史，而失败者比比皆是。有关学者研究证明，48%的人经历一次失败，就一蹶不振了；25%的人经历两次失败就泄气了；15%的人经历三次失败也放弃了；只有12%的人经历无数次的失败后，仍不气馁，始终朝着一个方向冲刺。他们坚信，只要方向不错，方法得当，坚持不懈、锲而不舍，成功只是时间问题。人生最大的敌人是自己，战胜自己是成功者的必经之路。

李健最早涉足茶叶经营是在2001年。在这之前他经营着一家超市，由于拆迁，他只好改行和一个福建籍朋友做起了茶叶生意。那时，茶艺还处于萌芽状态，是一个新兴产业，利润空间和发展空间都比较大。

然而，李健对茶艺、茶文化一窍不通，门市开业后，面对顾客提出的有关茶的问题，他常常脸涨得通红，说不出话来，之后只得向朋友求救。看着朋友和顾客大谈茶文化，李健第一次认识到茶居然有着这样深的内涵，他喜欢上了这一行。

后来，李健和朋友的经营理念发生了分歧，生意也开始变得清淡。李健回忆，在一段时间里，他们不断地往里垫钱，根本没有回款。坚持了三个月后，李健与朋友在经营思路上的分歧越来越大，最后只好分道扬镳。于是，李健开始独自创业。

经过市场调查，他把茶叶门市地址选在了北京茶叶一条街——马连道。也许是初生牛犊不怕虎，李健当初只是想扎堆的生意好做，并没在意这一条街上对手们的来历。后来他才发现这里的人个个都是高手，不论是茶道还是销售，而且他们都来自茶叶生产厂家，对茶有着深刻的理解，唯独他是个门外汉。

李健选定地址后看中了一间60平方米的门市，年租金4万元。他交了租金请来装修工装修门市，自己则赶往茶叶生产地采购茶叶。这是他第一次采购茶叶，由于没有经验，又缺乏茶叶知识，他采购的茶叶无论在色泽上还是质量上都给日后的批发和销售带来了困难。为了不再犯同样的错误，他买来大量有关茶叶的书，仔细研读，凡是上门的客户也都提供最优惠的价格，以便发展市场。即使这样，他的门市仍是门庭冷落。

李健开始托朋友介绍茶叶销售渠道，稍有空闲就亲自背着茶叶样品去零售店推销，有时他请人给他看门市，自己背个大袋子到偏远区县去找销售点。而很多时候，他都吃了闭门羹，偶尔听到“我们有供货方，以后考虑吧”，他都激动半天。“那时我一心想着尽快发展客户，有时一天只能吃一顿饭，一个月下来整个人都快虚脱了。”

在两个月里，他跑遍了6个城市的茶叶零售店，但是没有得到任何回报。

李健的茶叶门市经历了整整14个月的萧条后才开始复苏。在这期间，他不断听到类似他这种门外汉茶业门市倒闭的消息，他的朋友也劝他收手。李健经过激烈的思想斗争后，咬着牙告诉朋友："我已经喜欢上了这个行业，每个行业起步都会有艰难和困苦，更何况我还没有认输。"

随着对茶经的深入了解和对市场的辛勤开拓，李健的门市第13个月开始有了一点儿利润，就在2003年春节前的一个月，他的门市赚回了之前的所有投资，还略有盈余。2004年，李健的茶叶门市纯利润达20多万元。

事实证明，只要有恒心，铁棒也能磨成针。看一个人，不必看他辉煌耀眼、春风得意之时，而应看他身处逆境时是怎样艰难跋涉的。执着是人类的一种美德，任何天赋、才华、强势都不能代替。不积跬步，无以至千里；不积细流，无以成江河。千里之行始于足下，做任何事情都必须有恒心。

做一个安静细微的人，于角落里自在开放

一个人若种植信心，他会收获品德。一个人若种下骄傲的种子，他必收获众叛亲离的果子，甚至带来不可预知的危险，就像那只自夸自大、自我膨胀的狐狸一样。

但高傲的姿态，却是现代人的通病。大家都想吸引别人的目光，殊不知这目光可能投来善意，也可能投来恶意。越是高调的人，越容易成为众矢之的。老子在《道德经》中说："生而

不有，为而不恃，功成而不居。”又说：“功成名遂，身退，天之道。”如果成功之后，只知自我陶醉，迷失于成果之中停滞不前，那就是为自己的成就画上了句号。

成功常在辛苦日，败事多因得意时。切记：不要老想着出风头。一个人的成绩都是在他谦虚好学、伏下身子踏实干的时候取得的，一旦骄气上升、自满自足，必然会停止前进的脚步。

一个人有一点儿能力，取得一些成绩和进步，产生一种满意和喜悦感，这是无可厚非的。但如果这种“满意”发展为“满足”，“喜悦”变为“狂妄”，那就成问题了。这样，已经取得的成绩和进步，将不再是通向新胜利的阶梯和起点，而成为继续前进的包袱和绊脚石，那就会酿成悲剧。

在这个世界上，谁都在为自己的成功拼搏，都想站在成功的巅峰上风光一下。但是成功的路只有一条，那就是放低姿态，不断学习。在通往成功的路上，人们都行色匆匆，有许多人就是在稍一回首、品味成就的时候被别人超越了。因此，有位成功人士的话很值得我们借鉴：“成功的路上没有止境，但永远存在险境；没有满足，却永远存在不足；在成功路上立足的最基本的要点就是学习，学习，再学习。”

心中有光的人，终会冲破一切黑暗和荆棘

当你面对人类的一切伟大成就的时候，你是否想到过，曾经为了创造这一切而经历过无数寂寞的日夜，成功者不得不选择与

寂寞结伴而行，有了此时的寂寞，才能获得自己苦苦追求的似锦前程。

很多时候成功不是一蹴而就的，要经过很多磨难，每个人无论如何都不能丢弃自己的梦想。执着于自己的目标和理想，把自己的事业做下去。

很多时候，在日常生活、工作中我们必须在寂寞中度过，没有任何选择。这就是现实，有嘈杂就有安静，有欢声笑语，就有寂静悄然。

既然如此，你逃脱不掉寂寞的影子，驱赶不走寂寞的阴魂，为什么非要与寂寞抗争？寂寞有什么不好，寂寞让你有时间梳理躁动的心情，寂寞让你有机会审视所作所为，寂寞让你站在情感的外圈探究感情世界的课题，寂寞让你向成功的彼岸挪动脚步，所以，寂寞是可怕的孤独。

寂寞是一种力量，而且无比强大。事业成就者的秘密有许多，生活悠闲者的诀窍也有许多。但是，他们有一个共同的特点，那就是耐得住寂寞。谁耐得住寂寞，谁就有宁静的心情，谁有宁静的心情，谁就水到渠成，谁水到渠成谁就会有收获。山川草木无不含情，沧海桑田无不蕴理，天地万物无不藏美，那是它们在寂寞之后带给人们的享受。所以，耐住寂寞之士，何愁做不成想做的事情。有许多人过高地估计自己的毅力，其实他们没有跟寂寞认真地较量过。

我们常说，做什么事情需要坚持，只要奋力坚持下来，就会成功。这里的坚持是什么？就是寂寞。每天循规蹈矩地做一件事情，心便生厌，这也是耐不住寂寞的一种表现。

如果有一天，当寂寞紧紧地拴住你，哪怕一年半载，为了自己的追求不得不与寂寞并进的时候，心中没有那份失落，没有那份孤寂，没有那份被抛弃的感觉，才能证明你的毅力坚强。

人生不可能总是前呼后拥，人生在世难免要面对寂寞。寂寞是一条波澜不惊的小溪，它甚至掀不起一个浪花，然而它却孕育着可能成为飞瀑的希望，渗透着奔向大海的理想。坚守寂寞，坚持梦想，那朵盛开的花朵就是你盼望已久的成功。

虽然每一步都走得很慢，但我不曾退缩过

“登泰山而小天下”，这是成功者的境界，如果达不到这个高度，就不会有这个视野。但是，若想到达这种境界亦非易事，人们从岱庙前起步上山，进中天门，入南天门，上十八盘，登玉皇顶，这一步步拾级而上，起初倒觉轻松，但愈到上面便愈感艰难。十八盘的陡峭与险峻曾使无数登山客望而却步。游人只有努力向前，才能登上泰山山顶，体验杜甫当年“一览众山小”的酣畅意境。

许多人盼望长命百岁，却不理解生命的意义；许多人渴求事业成功，却不愿持之以恒地努力。其实，人的生命是由许许多多的“现在”累积而成的，人只有珍惜“现在”，不懈奋斗，才能使生命焕发光彩，事业获得成功。

要成功，最忌“一日曝之，十日寒之”“三天打鱼，两天晒网”。数学家陈景润为了求证哥德巴赫猜想，用过的稿纸几乎可以装满一个小房间；作家姚雪垠为了写成长篇历史小说《李自成》，竟耗费了40年的心血，大量的事实告诉我们：无论你多么聪明，成功都是在踏实中，一步一步、一年一年积累起来的。

莎士比亚说：“斧头虽小，但多次砍劈，终能将一棵挺拔的大树砍倒。”

现在有一种流行病，就是浮躁。许多人总想“一夜成名”“一夜暴富”。他们不扎扎实实地长期努力，而是想靠侥幸一举成功。比如投资赚钱，不是先从小生意做起，慢慢积累资金和经验，再把生意做大，而是如赌徒一般，借钱做大投资、大生意，结果往往惨败。网络经济一度充满了泡沫。有的人并没有认真研究市场，也没有认真考虑它的巨大风险，只觉得这是一个发财成名的“大馅饼”，一口吞下去，最后没撑多久，草草倒闭，白白“烧”掉了许多钞票。

俗话说“滚石不生苔”，“坚持不懈的乌龟能快过灵巧敏捷的野兔”。如果能每天学习一小时，并坚持12年，所学到的东西，一定远比坐在学校里混日子的人所学到的多。

人类迄今为止，还不曾有一项重大的成就不是凭借坚持不懈的精神而实现的。

大发明家爱迪生也如是说：“我从来不做投机取巧的事情。我的发明除了照相术，也没有一项是由于幸运之神的光顾。一旦我下定决心，知道我应该往哪个方向努力，我就会勇往直前，一遍一遍地试验，直到产生最终的结果。”

一个人如果要成功，就应该学习这些名人的经验，从小事入手，坚持下去，总有一天你会看到成功的阳光。

不在沉默中爆发，就在沉默中灭亡

西方有位哲人在总结自己一生时说过这样的话：“在我整整75年的生命中，我没有过过四个星期真正的安宁。这一生只是一块必须时常推上去又不断滚下来的崖石。”所以，追求宁静，或者是追求寂寞对许多人来说成了一个梦想。由此看来，寂寞并不是每个人都能享受的。

可是，现实生活中，许多人害怕寂寞，时时借热闹来躲避寂寞，麻痹自己。滚滚红尘中，已经很少有人能够固守一方清静，独享一份寂寞了，更多的人脚步匆匆，奔向人声鼎沸的地方。殊不知，热闹之后的寂寞更加寂寞。我辈如能在热闹中独饮那杯寂寞的清茶，也不失为人生的另类选择与生存。但是，寂寞并不是每个人都会享受的!

对未来进行抗争的人，才有面对寂寞的勇气；在昔日拥有辉煌的人，才有不甘寂寞的感受。

为了收获而不惜辛勤耕耘、流血流汗的人，才有资格和能力享受寂寞。

寂寞是一种难得的感觉，只有在拥有寂寞时，你才能静下心来悉心梳理自己烦乱的思绪，只有在拥有寂寞时，你才能让自己成熟。不在寂寞中升华，就在寂寞中死去。

许多人把失意、伤感、无为、消极等与寂寞联系在一起，认为将自己封闭起来就是寂寞，其实，这是一种误解。倘使这样去超越生活，不仅限制生命的成长，还会与现实产生隔阂，这样的人只是逃避生活。

寂寞是一种感受，是一种难得的感觉，是心灵的避难所，会给你足够的时间去舔舐伤口，重新以明朗的笑容直面人生。

懂得了寂寞，便能从容地面对阳光，将自己化作一杯清茗，在轻啜深酌中渐渐明白，不是所有的生长都能成熟，不是所有的欢歌都是幸福，不是所有的故事都会真实，有时，平淡是穿越灿烂而抵达美丽的一种高度、一种境界。

当寂寞来临时，轻轻合上门窗，隔去外面喧嚣的世界，默默独坐在灯下，平静地等待身体与心灵的一致，让自己从悲欢交集中净化思想。这样，被一度驱远的宁静会重新回归。你静静地用自己的理解去解读人世间风起云涌的内容，思考人生历程中的痛苦和欢悦。你不再出入上流社会，也就不再对那些达官显贵们摧眉折腰；人们不再追逐你，不再关注你，你也因此而少了流言的中伤。当你真实了解了人生的丰富与美好、生命的宏伟和阔大，让身心平直地立在生活的急流中，不因贪图而倾斜，不因喜乐而忘形，不因危难而逃避，你就读懂了寂寞，理解了寂寞。于是，寂寞不再是寂寞，寂寞成了一首诗，成了一道风景，成了一曲美妙的音乐。于是，寂寞成了享受，使我们终于获得了人生的宁静。

寂寞来时，轻轻闭上双眼，去聆听远方的鸟鸣，去感受灵魂深处的快乐。

孤独是等待的代价，也是领悟人生的必经之路

相信孤独的日子总是美丽的，也相信孤独的日子不会永远，因为孤独是一种美丽的等待，等待总会有归期。而那种经过长久等待后才能体会到的绝美心境，是非得要有过这种望断千帆的经历的。

生在万丈红尘，都市的喧嚣常常让人忘记了自我，忘记了那些曾经的美丽，只留下世俗的忙碌和喜喜悲悲。尘世里有许多故事起起落落，也有许多心情沉沉浮浮，但这些与生俱来的情节，又能有几人能够深深地体会？唯有孤独地行走于城市的边缘，才能读懂这些悲欢离合的故事，才能固守住心里的那片芳草地，在这座浮躁的城市中保存完美的自我，如雨后的荷花一般清新，如东篱下采菊一般闲适。

一个人的日子过得很慢，充满了思念与期盼。独自坐在西窗前看花开花落，心里想着相知的人如今是否正向这边一步步走来；常常在熙熙攘攘的街道上见到旧日的影子掠过，便忍不住频频回眸凝视那些似曾相识的岁月。孤独时，总期望着笔尖下能流淌出所有的情感，落日的余晖能映出所有的等待。纵然独坐在窗

前有一些风景不可见，但那些唯美的风景却不会消失，而故人不再的遗憾也不会再有。

也曾想过不再过这样孤独的日子：雨夜的无助、整日与书为伴、想倾诉的时候无处话凄凉。可是我们又怎能放弃这样的日子呢：孤独的时候可以把心情完全敞开，孤独的时候可以不必戴上厚厚的面具，孤独的时候可以放飞灵魂，也放飞自己。不必担心雨夜的无助，友情的灯可以温暖漫漫长夜；不必担心人多的时候最寂寞，美丽的灰姑娘终究会有王子走到眼前；不必担心无处倾诉无处话凄凉，友情的双手已陪伴你风风雨雨到今天。

孤独是一道美丽的风景线，唯有曾经孤独过的人才能读懂、才能体会；孤独是一种超然于尘世之上的心境，是远离俗世的自己寻找到的一片精神家园；孤独是一种心灵上的契约，是一种融于世俗却又绝不同于世俗的美丽；孤独是一种守望，当心中所有美好的情感经过岁月的积淀而终于绽放出惊世骇俗的花朵时，孤独就是一种美丽的等待。

等待人生的答案，需要的是静心的忍耐。当明白人生中有某些时刻是我们无法完全掌握在自己手里的时候，何不忍耐一刻，等待一时呢？为何要强逼自己，勉强别人去做一时的决定，去给予一些未能经过思考的答案呢？等待是难过的，但装作洒脱带来的也未必会有什么好处。有人喜欢等待，有人不喜欢等待，但等待却是人生必经的阶段。

任何事我们都不可能一蹴而就。很多时候，我们总是要经历艰难，所以要学会等待。等待看上去沉闷死寂，甚至浪费掉了我们很多时间，可是时机的成熟才是成就事情的关键。如果总是想走捷径，反而会弄巧成拙。

第4章

受苦的人，没有悲观的权利

不断地自我挑战，终究会看到上帝的微笑

海伦刚出生的时候，是个正常的婴孩，能看、能听，也会咿呀学语。可是，一场疾病使她变成既盲又聋的小聋哑人，那时，小海伦刚刚1岁半。

这样的打击，对于小海伦来说无疑是巨大的。每当遇到稍不顺心的事，她便会乱敲乱打，野蛮地用双手抓食物塞入口里。若试图去纠正她，她就会在地上打滚，乱嚷乱叫，简直是个十恶不赦的“小暴君”。父母在绝望之余，只好将她送至波士顿的一所盲人学校，后来又特别聘请沙莉文老师照顾她。

在老师的教导和关怀下，小海伦渐渐地变得坚强起来，在学习上十分努力。

在她刚刚10岁的时候，名字就已传遍全美国，成为残疾人士的模范、一位真正的强者。

这个克服了常人无法克服的困难的残疾的人，其事迹在全世

界引起了震惊和赞赏。她大学毕业那年，人们在圣路易博览会上设立了“海伦·凯勒日”。

她始终对生命充满了信心，充满了热爱。

在第二次世界大战后，海伦·凯勒以一颗爱心在欧洲、亚洲、非洲各地巡回演讲，唤起了社会大众对身体残疾者的注意，被《大英百科全书》称颂为有史以来残疾人士最有成就的由弱而强者。

美国作家马克·吐温评价说：“19世纪中，最值得一提的人物是拿破仑和海伦·凯勒。”身受盲聋哑三重痛苦，却能克服残疾并向全世界投射出光明的海伦·凯勒，以及她的老师沙莉文女士的成功事迹，说明了什么问题呢？答案是很简单的：如果你在人生的道路上，选择信心与热爱以及努力作为支点，再高的山峰也会被踩在脚下，你就会攀登上生命之巅。

每个人成长的道路都不可能是一帆风顺的，但为什么有的人在不平坦的人生道路上摘取了迷人的桂冠，而有的人却碌碌无为呢？成功者之所以取得了成功，就在于他们在人生的旅程中，选择了努力作为人生和生命的支点，直到登上了理想的高峰。

想获得他人的掌声，先要做个坚强的人

世界上的雄辩家，有很多都是在最初被认为说话笨拙的人，狄里斯就是其中一个。

狄里斯生于382年，在西欧被称为“历史性的雄辩家”。据

说，他的声音很低，而呼吸很短促，口齿不清，旁人经常听不懂他在说些什么。不过，他的知识非常渊博，因此他的思想也相当深奥，他很擅长分析事理，几乎无人能出其右。

当时，在狄里斯的祖国首都雅典，有很严重的政治纷争，因此，能言善辩的人格外受到重视，一向能先提出时代潮流和趋势的狄里斯，认为自己缺乏说话技巧是很不适宜的，于是他作了一番充分的考虑，并且准备好演讲的内容，从容地走上了演讲台。但是，很不幸，他遭遇了失败。

原因就在于他发出的低音和肺活量不足，口齿不清，以至于别人无法听清楚他所说的话，但是，狄里斯并不灰心，他反而比过去更努力了，努力训练自己的胆量和意志力。

他每天都跑到海边去，对着浪花拍打的岩石大声喊叫，回家以后，又对着镜子练习说话嘴型，进行发音练习，一直持续不辍。狄里斯就这样努力了好几年，直到他27岁时，终于再度走上台向众人演说。

辛苦的努力总算有了结果，他这次盛大的演讲，得到了许多喝彩与掌声，而狄里斯的名气，也就这样打响了。

人的天性就是敬仰强者，唾弃弱者。想得到他人的认可，自己先要变得强而有力。

面对逆境，只有坚毅者才能到达荣誉的圣殿

凡尔纳是享誉世界的法国著名科幻小说家，但是在他成名之

前可谓饱尝挫败的滋味。凡尔纳的父亲是一名颇有成就的律师，正因为此，父亲希望他能够子承父业，然而这并不是凡尔纳的兴致所在。

他从小喜欢幻想，爱海洋，也爱冒险，一次他偷偷地报名作为海上见习生航行印度，但计划未能如愿，因为他的行踪被家人获悉。回到家后等待他的是一顿猛烈的拳头。从此，凡尔纳开始了他的幻想之旅，利用想象来表达他眼中的世界。“天将降大任于斯人也”，一个伟大作家的诞生注定要一波三折。

1863年冬天的一个上午，凡尔纳刚吃过早饭，正准备到邮局去，突然听到一阵敲门声，凡尔纳开门一看，原来是一个邮政工人。工人把一包鼓囊囊的邮件递到了凡尔纳的手里。一看到这样的邮件，凡尔纳就预感到不妙，自从他几个月前把他的第一部科幻小说《乘气球五周记》寄到各出版社后，收到这样的邮件已经是第14次了，他怀着忐忑不安的心情拆开一看，上面写道：“凡尔纳先生：尊稿经我们审读后，不拟刊用，特此奉还。某某出版社。”每看到这样的退稿信，凡尔纳都是心里一阵绞痛：这次是第15次了，还是未被采用，

凡尔纳此时已深知，对于出版社的编辑来说，一个籍籍无名的作者是多么微不足道。他愤怒地发誓，从此再也不写了，他拿起手稿向壁炉走去，准备把这些稿子付之一炬。凡尔纳的妻子赶过来，一把抢过手稿紧紧抱在胸前，此时的凡尔纳余怒未息，说什么也要把稿子烧掉。他妻子急中生智，以满怀关切的感情安慰

丈夫："亲爱的，不要灰心，不妨再试一次，也许这次能交上好运的。要知道在荣誉的大道上，从来没有放弃的容身之处。"听了这句话以后，凡尔纳抢夺手稿的手，慢慢放下了，他沉默了好一会儿，然后接受了妻子的劝告，又抱起这一大包手稿到第16家出版社去碰运气。

这次没有落空，读完手稿后，这家出版社立即决定出版此书，并与凡尔纳签订了20年的出版合同。

没有他妻子的疏导，没有永不放弃的精神，我们也许根本无法读到凡尔纳笔下那些脍炙人口的科幻故事，人类就会失去一份极其珍贵的精神财富。

在人生的旅途中谁都不会一帆风顺。在遇到挫折时，不要太早放弃努力，也许你与成功就差一点儿。一切都是暂时的状态，对此我们要对自己说："我只是还未成功。"切莫因放弃而与荣誉失之交臂。

苦难是所让人受益的学校

在法国里昂的一次宴会上，人们对一幅是表现古希腊神话还是历史的油画发生了争论。主人眼看争论越来越激烈，就转身找他的一个仆人来解释这幅画。使客人们大为惊讶的是，这仆人的说明是那样清晰明了，那样深具说服力。辩论马上就平息了下来。

"先生，您是从什么学校毕业的？"一位客人对这个仆人很尊敬地问。

“我在很多学校学习过，先生，”这年轻人回答，“但是，我学的时间最长、收益最大的学校是苦难。”

这个年轻人为苦难所付出的学费是很有益的。尽管他当时只是一个贫穷低微的仆人，但不久以后他就以其超群的智慧震惊了整个欧洲。

他就是那个时代法国最伟大的天才——法国哲学家和作家卢梭。

凡是天生刚毅的人必定有自强不息的精神。但凡在年轻时遭遇苦难而能做到坚忍不拔的人，在以后的人生道路上多半会变得豁达、从容。

没有退路时，必须相信自己

老教授和他的两个学生准备进溶洞考察。溶洞在当地人们的眼里是一个“魔洞”，曾经有胆大的人进去过，但都一去不复返。

随身携带的计时器显示着，他们在漆黑的溶洞里走过了14个小时，这时一个有半个足球场大小的水晶岩洞呈现在他们的面前。他们兴奋地奔了过去，尽情欣赏、抚摸着那迷人水晶。待激动的心情平静下来之后，其中那个负责画路标的学生忽然惊叫道：“刚才我忘记刻箭头了！”他们再仔细看时，四周竟有上百个大小各异的洞口。那些洞口就像迷宫一样，洞洞相连，他们转了很久，始终没能找到出路。

老教授在众多洞口前默默地搜寻着，突然他惊喜地喊道："在这儿有一个标志！"他们决定顺着标志的方向走。老教授走在前面，每一次都是他先发现标志的。

终于，他们的眼睛被强烈的太阳光刺疼了，这就意味着他们已经走出了"魔洞"。那两个学生竟像孩子似的，掩面哭泣起来，他们对老教授说："如果没有那位前人……"而老教授缓缓地从衣兜里掏出一块被磨去半截的石灰石递到他俩面前，意味深长地说："在没有退路可言的时候，我们唯有相信自己。"

在绝境时相信自己或许还能看到柳暗花明又一村的景象；怀疑自己，只会让自己在困境的泥潭中越陷越深。

怕苦，苦一世；不怕苦，苦一时

拿破仑出生于科西嘉穷困的没落贵族家庭。

在父亲的安排下，拿破仑9岁就到法兰西共和国布里埃纳军校接受教育。他的同学都很富有，他们大肆讽刺他的穷苦。拿破仑非常愤怒，却一筹莫展，屈服在威势之下。就这样，他忍受了5年。但是，每一种嘲笑，每一种欺侮，每一种轻视的态度，都使他暗下决心，发誓要做给他们看看，以此证明他确实是高于他们的。

他是如何做的呢？这当然不是一件容易的事，他一点儿也不空口自夸。他只是心里暗暗计划，决定利用这些没有头脑却傲慢的人作为桥梁，使自己既富有又出名。

他经常避开同学们兴高采烈的游戏活动，躲进图书馆，如饥似渴地研究科西嘉的历史地理，他对伏尔泰、卢梭等人的书尤感兴趣。

在他16岁当少尉那年，他遭受了另外一个打击，那就是他父亲的去世。由于哥哥约瑟夫既无能又懒惰，家庭的重担就落在拿破仑身上。在那以后，他不得不从极少的薪金中，省出一部分来帮助母亲。当他接受第一次军事征召时，必须步行到遥远的发隆斯去加入部队。

等他到达部队时，看见他的同伴正在闲暇时间追求女人和赌博。而他那不受人欢迎的性格使他没有资格得到以前的那个职位，同时，他的贫困也使他失去了后来争取到的职位。于是，他改变策略，用埋头读书的方法去努力和他们竞争。读书是和呼吸一样自由的，因为他可以不花钱从图书馆里借书读，这使他得到了很大的收获。

他并不是读没有意义的书，也不是专以读书来消遣自己的烦闷，而是为自己将来的理想做准备。他下定决心要让全天下的人知道自己的才华。因此，在他选择图书时，也就往往有一个选择的范围。他住在一个既小又闷的房间里，在这里，他脸无血色，孤寂、沉闷，但他却在不停地读书。

通过几年的学习，他所摘抄下来的记录，印刷出来的就有400多页。他想象自己是一个总司令，将科西嘉岛的地图画出来，地图上清楚地指出哪些地方应当布置防范，这是用数学的方法精确地计算出来的。因此，他数学的才能获得了提高，这是他第一次有机会表示他能做什么。

他的长官看见拿破仑的学问很好，便派他在操练场上执行一些任务，这是需要极复杂的计算能力的。他的工作做得极好，于是他获得了机会，开始走上晋升的道路。

这时，一切的情形都改变了。从前嘲笑他的人，现在都拥到他面前来，想分享一点儿他得到的奖金；从前轻视他的人，现在都希望成为他的朋友；从前揶揄他是一个矮小、无用、死用功的人，现在也都尊重他。他们都变成了他的拥戴者。

丘吉尔说："做人就要做坚强和刚猛的大雄狮！"

人生是一个与困难作战的过程，你不打败困难，困难就会打败你。当困难降临到你头上，你是勇敢地迎接挑战呢，还是知难而退，落荒逃走？这是做人的一个大问题。

每个人都有两个简历，一个叫成功，另一个叫失败

1832年，林肯失业了。这使他很伤心，但他下决心要当政治家，当州议员。糟糕的是，他竞选失败了。在一年里遭受两次打击，这对他来说无疑是痛苦的。

接着，林肯着手自己开办企业，可一年不到，这家企业又倒闭了。在以后的17年间，他不得不为偿还企业倒闭时所欠的债务而到处奔波，历尽磨难。

随后，林肯再一次决定参加竞选州议员，这次他成功了。他

内心萌发了一丝希望，认为自己的生活有了转机："可能我可以成功了！"

1835年，他订婚了。但离结婚还差几个月的时候，未婚妻不幸去世。这对他的打击实在太大了，他心力交瘁，数月卧床不起。1836年，他得了神经衰弱症。

1838年，林肯觉得身体状况良好，于是决定竞选州议会议长，可他失败了。1843年，他又参加竞选美国国会议员，但这次仍然没有成功。

林肯虽然一次次地尝试，但却是一次次地遭受失败：企业倒闭、情人去世、竞选败北。要是你碰到这一切，你会不会放弃，放弃这些对你来说是重要的事情？

林肯没有放弃。1846年，他又一次参加竞选国会议员，最后终于当选了。

两年任期很快过去了，他决定要争取连任。他认为自己作为国会议员表现是出色的，相信选民会继续选举他。但结果很遗憾，他落选了。

因为这次竞选他赔了一大笔钱，林肯申请当本州的土地官员。但州政府把他的申请退了回来，并指出："做本州的土地官员要求有卓越的才能和超常的智力，你的申请未能满足这些要求。"

接连又是两次失败。在这种情况下你会坚持继续努力吗？你会不会说"我失败了"？

然而，林肯没有服输。1854年，他竞选参议员，但失败了；两年后他竞选美国副总统提名，结果被对手击败；又过了两年，他再一次竞选参议员，还是失败了。

林肯尝试了11次，可只成功了两次，他一直没放弃自己的追求，他一直在做自己生活的主宰。1860年，他当选为美国总统。

没有人会轻易地平步青云，在成功的背后隐藏着许多他人所不了解的辛酸与苦楚，个中滋味也许只有当事人自己清楚。

打不垮的意志，跌不破的成就

一个农民，初中只读了两年，家里就没钱继续供他上学了。他辍学回家，帮父亲耕种3亩薄田。在他19岁时，父亲去世了，家庭的重担全部压在了他的肩上。他要照顾身体不好的母亲和瘫痪在床的祖母。

20世纪80年代，农田承包到户。他把一块水洼挖成池塘，想养鱼。但乡里的干部告诉他，水田不能养鱼，只能种庄稼，他只好又把水塘填平。这件事成了一个笑话——在别人的眼里，他是一个想发财但又非常愚蠢的人。

听说养鸡能赚钱，他向亲戚借了500元钱，养起了鸡。但是一场洪水后，鸡得了鸡瘟，几天内全部死光了。500元对别人来说可能不算什么，对一个只靠3亩薄田生活的家庭而言，不啻天文数字。他的母亲受不了这个刺激，竟然忧郁而死。

他后来酿过酒、捕过鱼，甚至还在石矿的悬崖上帮人打过炮眼……可都没有赚到钱。

35岁的时候，他还没有娶到媳妇。即使是离异的有孩子的女人也看不上他。因为他只有一间土屋，并且随时有可能在一场大雨后倒塌。娶不上老婆的男人，在农村是没有人看得起的。

但他还想搏一搏，就四处借钱买了一辆手扶拖拉机。不料，上路不到半个月，这辆拖拉机就载着他冲入一条河里。他断了一条腿，成了瘸子。而那辆拖拉机，被人捞起来后已经支离破碎，他只能拆开它，当作废铁卖。

几乎所有的人都说他这辈子完了。但是后来他却成了一家公司的老总，手中有两亿元的资产。现在，许多人都知道他苦难的过去和富有传奇色彩的创业经历。许多媒体采访过他，许多报告文学描述过他。有这样一个情节，记者问他："在苦难的日子里，你凭什么一次又一次毫不退缩？"

他坐在宽大豪华的老板桌后面，喝完了手里的一杯水。然后，他把玻璃杯子握在手里，反问记者："如果我松手，这只杯子会怎样？"

记者说："摔在地上，碎了。"

"那我们试试看。"他说。

他手一松，杯子掉到地上发出清脆的声音，但并没有破碎，而是完好无损。他说："即使有10个人在场，他们都会认为这只杯子必碎无疑。但是，这只杯子不是普通的玻璃杯，而是用玻璃钢制作的。"

这样的人，即使只有一口气，他也会努力去拉住成功的手，除非上苍剥夺了他的生命。

人生在世，不可能事事如愿。只要坚持，成功一定会向你招手。

调整心态，走出困境

失意，是一面镜子，能照见人的污浊；失意，也是一副清醒剂，是一条鞭子，可以使你在抽打中清醒。

失意，会使你冷静地反思自责，正视自己的缺点和弱项，努力克服不足，以求一搏；失意，会使人细细品味人生，反复咀嚼人生甘苦，培养自身悟性，不断完善自己；失意，不是一束鲜花，而是一丛荆棘，鲜花虽令人怡情，但常使人失去警惕，荆棘虽叫人心悸，却使人头脑清醒。

美国从事个性分析的专家罗伯特·菲力浦有一次在办公室接待了一个因自己开办的企业倒闭、负债累累、离开妻女的流浪者。

那人进门打招呼说："我来这儿，是想见见这本书的作者。"说着，他从口袋中拿出一本名为《自信心》的书，那是罗伯特许多年前写的。流浪者继续说："一定是命运之神在昨天下午把这本书放入我的口袋中的，因为我当时决定跳到密西根湖，了此残生。我已经看破一切，认为一切已经绝望，所有的人已经抛弃了我，但还好，我看到了这本书，使我产生新的看法，为我带来了勇气及希望，并支持我度过昨天晚上。我已下定决心，只要我能见到这本书的作者，他一定能协助我再度站起来。现在，我来了，我想知道你能替我这样的人做些什么。”

在他说话的时候，罗伯特从头到脚打量流浪者，发现他茫然的眼神、沮丧的皱纹、十来天未刮的胡须以及紧张的神态，这一切都显示，他已经无可救药了。但罗伯特不忍心对他这样说。因此，请他坐下，要他把他的故事完完整整地说出来。

听完流浪汉的故事，罗伯特想了想，说：“虽然我没有办法帮助你，但如果你愿意的话，我可以介绍你去见本大楼的一个人，他可以帮助你赚回你所损失的钱，并且协助你东山再起。”罗伯特刚说完，流浪汉立刻跳了起来，抓住他的手，说道：“看在上天的份儿上，请带我去见这个人。”

他会为了“上天的份儿上”而做此要求，显示他心中仍然存在着一丝希望。所以，罗伯特拉着他的手，引导他来到从事个性分析的心理试验室里，和他一起站在一块窗帘布之前。罗伯特把窗帘布拉开，露出一面高大的镜子，罗伯特指着镜子里的流浪汉说：“就是这个人。在这世界上，只有一个人能够使你东山再起，除非你坐下来，彻底认识这个人——当作你从前并未认识他——否则，你只能跳密西根湖，因为在你对这个人作充分的认识之前，对于你自己或这个世界来说，你都将是一个没有任何价值的废物。”

他朝着镜子走了几步，用手摸摸他长满胡须的脸孔，对着镜子里的人从头到脚打量了几分钟，然后后退几步，低下头，开始哭泣起来。过了一会儿，罗伯特领他走到电梯间，送他离去。

几天后，罗伯特在街上碰到了这个人，他不再是一个流浪汉形象，他西装革履，步伐轻快有力，头抬得高高的，原来那种衰老、不安、紧张的姿态已经消失不见。他说，他感谢罗伯特先生，让他找回了自己，并很快找到了工作。

后来，那个人真的东山再起，成为芝加哥的富翁。

第5章 别以为世界抛弃了你，世界根本没空搭理你

阳光照不到你的生活，微笑着才发现沿途开满花朵

汪国真有诗云：“我微笑着走向生活/无论生活以什么方式回敬我/报我以平坦吗/我是一条欢快奔流的小河/报我以崎岖吗/我是一座大山挺峻巍峨……”谁能说人生没有遗憾、没有失落，失落中只伴随着忧郁，阳光照不到你的生活；只有微笑着走向生活，才发现原来沿途开满了花朵。

体会了没有脚的痛楚，才明白为没有鞋子而哭泣是多么浅薄；经历了归途的风雨坎坷，蓦然回首，才发现来时的路却是怎样美丽的一种风景。

没有人能够完全把握前路的东西，但却也没有理由不微笑走向生活……

古语云：“甘瓜苦蒂，物不全美。”从理念上讲，人们大都承认“金无足赤，人无完人”。正如世界上没有十全十美的东西

一样，也不存在什么精灵通神的完人。但在认识自我、看待别人这一具体问题上，许多人仍然习惯于追求完美，求全责备，对自己要求样样都高，对别人也往往是全面衡量。

任何人总是有优点和缺点两个方面。俗话说：“寸有所长，尺有所短。”“十个手指不一般齐。”长处再多的人，也不免有所短；缺点再多的人，也必定有所长。

事实说明，大师、著名人物也都不是完人、超人，也不可能十全十美。他们的缺点和失误比之于他们给予人类的贡献，当然是次要的。但通过这些事实，我们应当明白，人无完人，人生必有缺憾，才是真实的、正常的。

维纳斯塑像的断臂，引得众多的学者、文人、工匠进行思考、论证、试验，想对其断臂进行重新“安装”。可是，种种假设和计划均告失败。于是，围绕在维纳斯身上的神秘感越来越浓。作为爱神，断臂的维纳斯似乎更受人们的喜爱，也更能引起人们作种种的猜想和遐思。由此可见，并不完美的缺憾之处从某种意义上看不也是一种美吗?

所以，当缺憾成为一种美的时候，面对生活中仅有的一些不顺利，你除了恬淡接受，泰然处之，还有什么其他的选择吗?

情绪低落时不妨假装快乐

很多人都有这样的体会：当我们在做一些有兴趣也很令人兴奋的事情时，很少会感到疲劳。因此，克服疲劳和烦闷的一个重要方法就假装自己很快乐。如果你“假装”对工作有兴趣，一点点假装就可以使你的兴趣成真，也可以减少你的疲劳、紧张和忧虑。

一个人由于心理因素的影响，通常比肉体劳动更容易觉得疲劳。约瑟夫·巴马克博士曾在《心理学学报》发表一篇论文，谈到他的一些实验，证明了烦闷会产生疲劳。巴马克博士让一大群学生做了一连串的实验，他知道这些实验都是他们没有什么兴趣的。其结果呢？所有的学生都觉得很疲倦、打瞌睡、头痛、眼睛疲劳、很容易发脾气，甚至还有几个人觉得胃很不舒服。所有这些是否都是“想象来的”呢？

不是的，这些学生做过新陈代谢的实验。由试验的结果发现，一个人感觉烦闷的时候，他身体的血压和氧化作用，实际上会减低。而一旦这个人觉得他的工作有趣的时候，整个新陈代谢作用就会立刻加速。

心理学家布勒认为，造成一个人疲劳感的主要原因是心理上的烦恼。

经常保持内心愉悦是抵抗疲劳和忧虑的最佳良方。请记住布勒博士的话：“保持轻松的心态，我们的疲劳产生通常不是由于工作，而是由于忧虑、紧张和不快。”如果你此刻不快乐，会导致身体更加疲劳，情绪也就更加低落，因此，此时不妨假装一下自己是快乐的，当你的心理产生快乐的愿望时，身体也会跟着调整到快乐时的状态，从而形成良性的循环。不信你就试试。

美好的日子给你带来经历，阴暗的日子给你带来阅历

经济不景气，大学生刚毕业就待业；裁员、下岗、减薪……这些每天都充斥在工薪阶层的耳旁，扰得人们寝食难安；消费水平提高、物价上涨、孩子上学问题、户口问题、买不起房子买不起车、租个房子还要整天面对苛刻的房东……面对如此尴尬的处境，人们不禁感叹：这日子真的是没法过了。

艰难的日子虽然让人焦头烂额，可是我们却没有办法选择别样的生活。既然改变不了，那么我们不如冷静地接受，认真地过好每一天，这样也许我们就会有很多意外的收获，生活也不会再让我们觉得痛苦了。

尽管在生活中，我们每个人都会遇到各种各样的磨难和考验，只有能够认真地过日子的人，才能在最后的关头突破自己，创造生活的奇迹。其实，生活中给予我们每个人的机会都是相同的，越是艰难的岁月，就越能提供给我们进步的空间。所以，不要总是抱怨日子不好过，只要我们坚持，认真地过好每一天，我们就能抓住希望。

冬天里会有绿意，绝境中也会有生机

我们知道，事情的发展往往具有两面性，犹如每一枚硬币总有正反面一样，失败的背后可能是成功，危机的背后也有转机。

1974年，第一次石油危机引发经济衰退时，世界运输业普遍

不景气，但当时美国的特德·阿里森家族却收购了一艘邮轮，成立嘉年华邮轮公司，后来这家公司成为世界上最大的超级豪华邮轮公司；世界最大的钢铁集团米塔尔公司，在20世纪90年代末，世界钢铁行业不景气的时候，进行了首次大规模兼并，然后迅速扩张起来。所以说，危机中有商机，挑战中有机遇，艰难的经济发展阶段对企业来说是充满机会的，对企业如此，对个人、对民族、对国家也是如此。

2008年经济危机爆发后，美国很多商业机构和场所顿时萧条了，但酒吧的生意却悄悄地红火起来。原来，精明的酒商们发现美国人开始越来越喜欢喝战前禁酒令时期以及大萧条时期的酒品，比如由白兰地、橘味酒和柠檬汁调制成的赛德卡鸡尾酒。酒商们迅速嗅出了新商机，推出了一款改进的老牌鸡尾酒。美国一个酒业资深人士指出，人们在困难时期，往往会从熟悉的东西那里寻求安慰，老式鸡尾酒自然而然会走俏。这种酒品，不仅让酒商们大赚了一笔，而且还能使疲于应对经济危机的美国人民得到慰藉。

“危中有机，化危为机。”一些中外专家认为，如果危机处置得当，金融风暴也有可能成为个人、企业或国家迅速发展的机遇。所以，冬天里会有绿意，绝境里也会有生机。

危机之下，谁都不希望面临绝境，但绝境意外来临时，我们挡也挡不住，与其怨天尤人，还不如奋力一搏，说不定，还会创造一个奇迹。

有人说过这样一句话："瀑布之所以能在绝处创造奇观，是因为它有绝处求生的勇气和智慧。"其实我们每个人都像瀑布一样，在平静的溪谷中流淌时，波澜不惊，看不出蕴涵着多大的力量，往往当我们身处绝境时，才能将这种力量激发出来。

其实，每个人皆是如此，虽然我们的生活并不会时时面临枪林弹雨，但总有身处绝境的时候，每当此时，我们往往会产生爆发力，而正是这种爆发力将我们的力量激发出来了。所以，面临绝境的时候，不要灰心、不要气馁，更不要坐以待毙，勇往直前，无所畏惧，你我都可以"杀出一条血路"。

忍耐，笑到最后的黄金法则

中国人做人向来提倡"以忍为上""吃亏是福"，这是一种玄妙高深的处世哲学。常言道：识时务者为俊杰。并非专指那些纵横驰骋如入无人之境，冲锋陷阵无坚不摧的英雄，而应是那些看准时机、能屈能伸的处世者。忍，是一种韧性的战斗，是一种永不败北的战斗策略，是战胜人生危难和险恶的有力武器。忍，是医治磨难的良方。忍人一时之疑、一时之辱，一方面可脱离被动的局面，同时也是一种对意志、毅力的磨炼。

《菜根谭》中有一句话："处世让一步为高，退步即进步的根本；待人宽一分是福，利人是利己的根基。"忍住自己的私欲、怒火，实际上是帮助你自己成就大业。

现实生活中，很多人都会碰到不尽如人意的事情。残酷的现实需要你对人俯首听命，这时候，你一定要谨慎面对。要知道，敢于碰硬，不失为一种壮举。可是，当敌人足够强大时你的强硬无异于以卵击石。一定要拿着鸡蛋去与石头斗狠，只能算作是无谓的牺牲。这样的时候，就需要用另一种方法来迎接生活。

古人说："小不忍则乱大谋。"坚韧的忍耐精神是一个人意志坚定的表现，更是一个人处世谋略的体现。尤其在生活中难得事事如意，丢面子是常有的事，学会忍耐，婉转退却，才可以获得无穷的益处。人际交往中，如果我们能舍弃某些蝇头微利，也将有助于塑造良好的自我形象，获得他人的好感，为自己赢得更大的影响力。凡事有所失必有所得；若欲取之，必先予之。有识之士不妨谨记：百忍成金，遇事忍字当先必能有所收获。

笑看天下几多愁

人生欢喜多少事，笑看天下几多愁。

我们从小就在做游戏，游戏的本身，就是在不断战胜挫折与失败中获取一种刺激与欢乐，假如没有挫折与失败，再好的游戏也会索然无味。"那就是一场游戏一场梦"，人生如梦。人们玩游戏时的心态，是寻找娱乐，是带着挑战的心情去面对游戏中的困难与挫折的，你面对强大的对手，不断地损伤受挫，但越是如此，你越发兴头十足。试想，倘若人们在生活中，也有这么一种积极向上的游戏心态，那么失败与挫折，也就不会显得那般沉重和压抑。既然如此，我们为何不能将挫折变成一种游戏呢？那样便会让痛苦沮丧的心态超然快活起来。二者其实并无差别，只是人们在游戏中身心放松，而在生活中过于紧张。于是，你可以体味游戏中面对和战胜挫折的欢乐。同样，只有你将生活中的挫折视为游戏，才会从中体味积极人生的快乐……

每个人的路都不一样，但命运对我们都是公平的，有所得必所有失，有痛苦也有快乐，就看你能不能咬定青山不放松，心往好处想。西方哲学家蓝姆·达斯讲过这样一个故事：

心往好处想，不论何时、不论何事，只要仍在人间，就要心往好处想，天堂和地狱就在人心中。人可以没有名利、金钱，但必须拥有美好的心情。

将生活中的挫折和困难视为“游戏”，不是游戏人生，而是以积极的心态面对现实，去战胜挫折和困难。笑看忧愁，笑看人生，如此而已！

用你的笑容去改变这个世界，别让这个世界改变了你的笑容

只有具备了淡然如云、微笑如花的人生态度，困境和不幸才能被锤炼成通向平安的阶梯。

人在什么时候最有魅力？就是在微笑的时候。一个积极向上的人，一个热爱生活的人，微笑是他显露最多的表情。

达·芬奇用蒙娜丽莎的微笑征服了整个世界，可见微笑是多么神奇。微笑的魅力无所不在，它可以美化我们的心灵，也可以让快乐无处不在，是它让这个世界充满友善与朝气。一个真心的

微笑，不管是从眼睛看到的或从声音里听到的，都是一个很好的开端。

在人际交往中，我们需要微笑。微笑是一种令人愉快的表情，表达的是一种热情而积极的处世态度。微笑甚至可以创造财富，引领你走向成功。

微笑就是无声的行动，一个人温和、亲切、洋溢着笑意，远比他穿着一套华丽、高档的衣服更引人注意，也更受人欢迎。因为微笑是一种宽容、一种接纳，它缩短了人与人之间的距离，使彼此之间心心相通。喜欢微笑着面对他人的人，往往更容易走入对方的内心。所以说，微笑是成功者的先锋。

现实生活中，许多人都意识到了服饰仪容对自己人际交往的重要，所以，临出门前，我们总是要对着镜子特意整理一番，看头发是否凌乱、领带是否平整、化妆是否恰到好处，唯恐因衣着的粗俗和妆饰的不雅而被人轻视。然而，我们也不能忽略另一种魅力，那就是微笑。其实，对于社交来说，整理表情有时比整理服饰、化妆更重要。

微笑是希尔顿旅馆最宝贵的无形资产，也是它制胜的魅力所在。希尔顿的成功，就是从微笑服务开始的。不难看出，在生活中只有“微笑”的量是不够的，要努力提高“微笑”的质，创造出属于我们现代人的高品位的“微笑服务”与“微笑文化”。

在真诚的微笑中，人们可以更多地感悟到生活中的真、善、美，也可以更深刻地体会到微笑者的人格魅力。人们都期待着更多的微笑，那么，我们怎样才能保持住自己的微笑呢？

第一，让那些能够给你带来轻松愉快的事情围绕着你。

第二，你要相信自己的微笑是世界上最美的微笑。

第三，尽量消除或减少一些负面消息对你的影响。了解世界上所发生的一些新闻是重要的，但不必要每天都是如此。

第四，在办公室里的显眼位置上，摆放假日里令你难忘的照片。因为照片可以使你从日常紧张的工作中得到片刻的休息。

第五，每天，在你的周围，去努力寻找那些幽默和欢乐的事情。

第六，最为重要的一点就是要记住，微笑不是仅仅为了别人，更是为了自己。

走遍世界，微笑是通用的护照；走遍全球，阳光雨露般的微笑是你畅行无阻的通行证。一旦你学会了阳光灿烂般的微笑，你就会发现，你的生活从此会变得更加轻松，而人们也喜欢享受你那如阳光般灿烂的微笑。

你对生活笑，生活就不会对你哭

生活犹如一面明镜，你对它笑，它就不会对你哭。

在生活中，我们每一个人快乐与否，不是取决于自己财富的多少、自己的美貌程度或是自己的地位如何等外在因素，而是取决于自己的心态这一内在因素。人们常说“好心态才有好人生”就是这个意思。一个人无论他多有钱、多美貌或地位有多高，如果他对生活哭丧着脸，那么生活也不会给他好脸色。

苏菲拥有一切。她有一个完美的家庭，住豪华公寓，从来不用为钱发愁。而且，她年轻、聪慧、漂亮。路易是她的朋友，路易觉得和苏菲一起外出是一件乐事。在餐厅里，路易会看到邻桌的男士频频向她注目，邻桌的女士因她而相互窃窃私语。有她的陪伴，路易感觉很棒。她让路易由衷地认为做男人真好。

不过，当所有闲聊终止的时候，这样一刻出现了：苏菲开始向路易讲述她悲惨的生活，她为减肥而跳的狐步舞，她为保持体形而做的努力，以至于得了厌食症。路易简直不敢相信自己的耳朵！这位美丽的女士真实地、深切地认为自己胖而且丑，不值得任何人去爱。路易对她说，她也许弄错了。事实上，这世界上一半的人为了能拥有她那样的容貌、她那样的好运气和生活，宁愿付出任何代价。不，不，苏菲悲哀地挥着手说，她以前也听过类似的话。她知道这话只是出于礼貌，只是一种于事无补的慰藉。而路易越是试图证实她是一位幸运的女孩，她越是表示反对。苏菲对她生活的总结就是“糟透了”。

生活赐予我们的越多，我们就越觉得所有的一切都是理所当然。然后，我们对生活的期望值也就越高。想象一下苏菲生而拥有一切，金钱、容貌、智慧……但就因为身材这一小问题使她对生活的看法大变。而她应当知道：生活并不完美，而且生活从来也不必完美！只要想一想生活是多么风云变幻，我们就应该明白了。许多人都听过“超人”克里斯托夫·瑞维斯的故事。他曾经又高又帅、又健壮、又知名、又富有。可是，一次，他不慎从马上跌落下来，摔断了脖子。从此，他就高位截瘫了。现在，他已经离开了这个世界。不过，瑞维斯和苏菲的不同在于：他感谢上帝让他保留了一条生命，使他可以去做一些真正有意义的事——为残疾人事业做努力。而苏菲则是为她腹部增加或减少了几毫米厚的脂肪或喜或悲着。两人之间的这个不同的产生说到底还是自己的心态问题。

生活是属于自己的，我们为何不对之一笑？要知道，生活从来都是真实的、诚恳的，所以，我们不妨用自己的笑脸来换回生活的笑脸。

世上没有绝对不幸的人，只有不肯快乐的心

世上没有绝对幸福的人，只有不肯快乐的心。你必须掌控好自己的心舵，下达命令，来支配自己的命运。

一群年轻人到处寻找快乐，却遇到许多烦恼，于是他们向苏格拉底请教："快乐到底在哪里？"

苏格拉底说："你们还是先帮我造一条船吧！"这群年轻人开始不太理解，既然是来请教，苏格拉底的话又不好不听，或许造好了船就会得到苏格拉底正面的回答。

就这样，他们暂时把寻找快乐的事儿放到一边，找来造船的工具，用了七七四十九天，造出了一条独木船。

船下水的那天，他们把苏格拉底请上船，一边合力摇桨，一

边高声唱歌。

这时，苏格拉底问他们："孩子们，你们快乐吗？"年轻人齐声回答："快乐极了！"

于是，苏格拉底告诉他们："快乐是一种体验、一种感受，它就存在于我们的生活和工作之中，不必刻意去寻找；同时，我们的快乐是由自己创造的，别人的赐予是对我们付出的回报。其实，快乐时时刻刻都伴随着我们，只是我们不曾注意罢了。"

人生在世不如意事常八九，这是一条客观规律，不可能以人的意志为转移。倘若把不如意的事情看成是自己构想的一篇小说，或是一场戏剧，自己就是那部作品中的一个主角，心情就会变好许多。一味地沉入不如意的忧愁中，只能使不如意变得更不如意。"去留无意，看庭前花开花落；宠辱不惊，望天际云卷云舒。"既然悲观于事无补，那我们何不用乐观的态度来对待人生呢？

用乐观的态度面对人生，可看到"青草池边处处花"，"百鸟枝头唱春山"，用悲观的态度面对人生，举目皆是"黄梅时节家家雨"，低眉即听"风过芭蕉雨滴残"。譬如打开窗户看夜空，有的人看到的是星光璀璨，夜空明媚；有的人看到的是黑暗一片。一个心态正常的人可在茫茫的夜空中读出星光的灿烂，增强自己对生活的信心，一个心态不正常的人让黑暗埋葬了自己且越葬越深。

悲观使人生的路愈走愈窄，乐观使人生的路愈走愈宽，选择乐观的态度对待人生是一种机智。悲观在寻常的日子里随处可以找到，而乐观则需要努力，需要智慧，才能使自己保持一种人生处处充满生机的心境。在诸多无奈的人生里，仰望夜空看到的是闪烁的星斗；俯视大地，大地是绿了又黄，黄了又绿的美景……这种乐观是坚忍不拔的毅力支撑起来的一种风景。

每个人都有这样一种体验：心情舒畅，喝一杯清茶，也觉得神清气爽，非常愉快；有时山珍海味，但一怀愁绪，毫无快乐可言。所以，我们说，快乐绝不是某些人的专利，而是人所共有的一种心态，一种精神的体验。任何人只要脱离了每天为吃穿犯愁的困境，生活中总是有着无限乐趣和蓬勃生机的。过得快乐与否，就看你是否善于发现人生的美好，是否有一颗快乐的心。

拥有一颗快乐的心，对任何人来说都非常重要。小孩子拥有一颗快乐的心，就能积极进取，天天向上，健康成长；年轻人拥有一颗快乐的心，就能克服困难，勇往直前，事业有成；老年人拥有一颗快乐的心，就能看淡人间烟火，健康长寿，颐养晚年。

一个人，只要拥有一颗快乐的心，在生活中就能克服困难，就能坦然面对逆境，就不会轻言失败，人生就会出现许多快乐。

快乐的人，往往是一些永远快乐且充满希望的人们。他无论遇到什么情况，脸上总是带着微笑，心平气和地接受人生的变故和挫折。这就是乐观的生活态度。乐观对人就像是太阳对植物一样重要，乐观就是人心中的太阳。

一群因地震被埋在废墟下的人，各人的心态决定了他们是否能在困境中顽强地生存下去。那些将困境视为绝境的人因为意志崩溃而导致身体能量系统不能有效地工作，身体各个机能逐渐丧失。在缺少水和食物的情况下，这将是把他们推向死亡的死神之手。而那些意志坚强、坚信光明终究到来的人，体内会制造出永不枯竭的生命能量，帮助他们渡过难关。

这就是乐观给人们提供的力量，它大到足以支撑整个生命。雨果说："比海洋更广阔的是天空，比天空更广阔的是心灵。"要使你的心灵保持宁静与和谐，不被一些琐事所笼罩，就要用智慧之泉来灌溉。

拥有一颗快乐的心关键是要有一个乐观豁达、积极向上的心态。困难面前，从容不迫，把困难视为机遇，把困难作为挑战，坚信困难是暂时的，并快乐地去积极应战，面对逆境，不灰心丧气，把逆境看作是自己人生中最重要的一段经历，把逆境作为磨炼自己意志的重要场所，坚信逆境是暂时的，并快乐地去应对一切，面对失败，不心灰意冷，把失败看作是还没有成功，把失败作为自己人生的考验，坚信失败是暂时的，并快乐地去奋力拼搏。

快不快乐，完全取决于你

想改变整个世界，很难；而改变自己的思维，则较为容易。换个角度，人生海阔天空。快乐也是如此，完全取决于你的态度。

很久以前，人类还赤着双脚走路。

有一位国王到某个乡村巡视，路面的碎石头刺得他的脚又痛又麻。

于是，他下了一道命令，要将国内的所有道路都铺上一层牛皮。他认为这样能让所有人走路时不再痛苦。

但即使杀尽国内所有的牛，也根本做不到。

一位聪明的仆人向国王建议："陛下啊！为什么您要杀那么多头牛，花那么多钱呢？您何不只用两小片牛皮包住您的脚呢？"

国王听了，茅塞顿开，于是立刻收回成命，改用这个建议。

据说，这就是皮鞋的由来。

尽管是一国之王，但想改变整个世界，很难；而改变自己的思维，则较为容易。换个角度，人生海阔天空。

有两个旅游观光团到日本伊豆半岛旅游，路面很糟糕，到处坑坑洼洼，都是洞。

其中一位导游连声抱歉，说路面简直像麻子一样。

而另一个导游却诗意盎然地对游客说："各位，我们现在走的这条道路，正是赫赫有名的伊豆迷人酒窝大道。"

游客们不由地发出善意会心的微笑。

虽是同样的情况，然而不同的意念，就会产生不同的态度。思想是何等奇妙的事，如何去想，决定权在你。

事情就是这么简单，同样的问题，从不同的角度去看，就会有截然相反的效果。

同样，从不同的角度看人生，就会有不同的结果和心情。明白了这个道理，你的人生怎能不快乐？

在现实生活中，我们往往习惯于以自己既定的思维方式推出结论。其实，很多事情，换个角度，也许结果就会不同。只有敢于冲破传统行为的束缚，我们才可以创造新的生活，带来新的视野。

不小心将手提包丢了，损失了一个月的工资。不要埋怨自己，你应该想，幸好没把买房子的钱放在提包里面。

你回到家，家里乱七八糟的，你不应该责怪家人。你一边收拾东西一边想，整天坐办公室，难得有这样锻炼身体的机会啊！家人看到收拾好的房屋后，是不是也对你赞赏有加，家庭也变得和美融洽了。

如果你换个角度去看生活，是不是生活也变得非常快乐了呢？

丑女也无敌，坏牌自有可取之处

钢铁大王安德鲁·卡内基曾说："不要轻视那些从普通的学校里走出来，一头扎进工作中的年轻人，也不要轻视在办公室里干诸如端茶、扫地一类最低等活的年轻人，他很可能就是一匹黑马，你最好还是密切注意他，终有一天他会向你挑战的。"

人的一生绝不可能是一帆风顺的，有成功的喜悦，也有无尽的烦恼；有波澜不惊的坦途，更有布满荆棘的坎坷与险阻。当苦难的浪潮向我们涌来时，我们唯有与命运进行不懈的抗争，才有希望看见成功女神高擎着的橄榄枝。

古人云：“天将降大任于斯人也，必先苦其心志，劳其筋骨，饿其体肤，空乏其身，行拂乱其所为，所以动心忍性，曾益其所不能。”苦难是锻炼人意志的最好的学校。与苦难搏击，它会激发你身上无穷的潜力，锻炼你的胆识，磨炼你的意志。也许，身处苦难之时你会倍感痛苦与无奈，但当你走过之后，你会更加深刻地明白，正是苦难给了你人格上的成熟和伟岸，给了你面对一切时无所畏惧的勇气。

苦难，在不屈的人们面前会变成一份礼物，这份珍贵的礼物会成为真正滋润你生命的甘泉，让你在人生的任何时刻都不会轻易被击倒!

上天有时会把它的宠儿放在困境中，让他们从事卑微的职业，使他们远离金钱、权力和荣誉，却在某个有意义、有价值的领域中让他们脱颖而出。

把困难当作机遇，把挫折当作人生的考验，忍受今天的苦痛，寄希望于明天的甘甜，这样的人必定成功。

不少人面对困难时一味地抱怨、苦恼，长期沉溺其中不能自拔，而抱怨又有何用？只能徒增自己的痛苦罢了!

为什么不换个角度想问题，化阻力为动力呢？

人生的不幸向人们昭示的不纯粹是灾难，或许它正是一个转折点，让你更加努力奋斗，使你的人生更加辉煌。其实，就像丑女照样可以无敌一样，坏牌自有它的可取之处。

你就是自己最大的“王牌”

每个人手里其实都有自己的“王牌”，那便是潜能，这张牌就是每个人翻身的机会。

有个农夫拥有一块土地，生活过得很不错。但是，不久他听说，只要有一块钻石就可以很富有。于是，农夫把自己的地卖了，离家出走，四处寻找可以发现钻石的地方。农夫来到遥远的异国他乡，然而却未能发现钻石。最后，他囊空如洗。一天晚上，他在一个海滩自杀了。

真是无巧不成书！那个买下农夫土地的人在地边散步时，无意中发现了一块异样的石头，他拾起来一看，只见它晶光闪闪，反射出光芒。那人仔细察看，发现这是一块钻石。这样，就在农夫卖掉的这块土地上，新主人发现了从未被人发现的巨大的钻石宝藏。

故事是发人深省的，它告诉我们，财富不是仅凭奔走四方去发现的，它属于那些懂得去挖掘的人，只属于相信自己能力的人。这两个故事还告诉了我们，每个人身上都拥有“钻石宝藏”！你身上的“钻石宝藏”就是你的潜能。你身上的这些“钻石”足以使你的理想变成现实。你需要做的只是找到你的王牌，为实现自己的理想付出辛劳。只要你不懈地运用自己的潜能，你就能够做好你想做的一切，从而成为自己生活的主宰。

在现实生活中，有的人常常感到实际中的“我”离理想中的

“我”太遥远了。他们一方面在为自己设想一条成功之路，另一方面又悲叹自己无力去实现。为什么有的人在自己平凡的工作中能干出不平凡的成绩，而有的人终生都一事无成呢？问题不在于一个人的天赋有多高，正如不在于你的手里有多少一样，而在于你是否能看清自己，看清自己所拥有的一切。

在每个人的身体里面，都潜藏着巨大的力量。这些力量，只要你能够发现并加以利用，便可以帮你成就你所向往的一切，甚至能让你做出种种神奇的事情来。比如，当有人遇到某种意外事件或灾祸时，一般人都会奋不顾身地去救他。实际上，每个人都具有潜在的英雄品格，而意外事件和灾祸不过是催化剂，使人有了显露这种品格的机会，所以，我们常常看到一个人在灾难临头时会做出惊人的举动。

有些时候，人会发现自己的潜能，比如在某种突如其来的事件或压力下，发现了自己从未发现过的能力；有时读了一本富有感染力的书，或者由于朋友们的真挚鼓励，也能发现自己的内在力量。但无论用何种方法，通过何种途径，一旦激起内在力量后，你所做出的成绩一定会不同于以前。

所以我们说，每个人手里都有一张王牌，这张牌决定着你的未来，只要你能发现自己的潜能，就等于找到了自己的王牌，找到了决胜千里的底气和实力。

第6章 不念过去不畏将来，一切都是最好的安排

今天的放弃，是为了明天的得到

生活就是这样，很多时候鱼和熊掌不可兼得。这就要求我们要懂得放弃，因为有“舍”才会有“得”，美国大财团洛克菲勒家族用实际行动给我们诠释了这一智慧。

第二次世界大战的硝烟刚刚散尽时，以美、英、法为首的战胜国首脑们几经磋商，决定在美国纽约成立一个协调、处理世界事务的联合国。一切准备就绪后，大家才发现，这个世界性组织，竟没有自己的立足之地。

买一块地皮，刚刚成立的联合国机构还身无分文。让世界各国筹资，牌子刚刚挂起，就要向世界各国搞经济摊派，负面影响太大。况且刚刚经历了战争的浩劫，各国政府都财库空虚，许多国家财政赤字居高不下，在寸土寸金的纽约筹资买下一块地皮，并不是一件容易的事情。联合国对此一筹莫展。

听到这一消息后，美国著名的家族财团洛克菲勒家族经商议，果断出资870万美元，在纽约买下一块地皮，将这块地皮无条件地赠予了这个刚刚挂牌的国际性组织——联合国。同时，洛克菲勒家族亦将毗邻的这块地皮全部买下。

对洛克菲勒家族的这一出人意料之举，美国许多大财团都吃惊不已。870万美元，对于战后经济萎靡的美国和全世界，都是一笔不小的数目，而洛克菲勒家族却将它拱手赠出，并且什么条件也没有。这条消息传出后，美国许多财团主和地产商都纷纷嘲笑说："这简直是蠢人之举！"并纷纷断言："这样经营不要十年，著名的洛克菲勒家族财团，便会沦落为著名的洛克菲勒家族贫民集团！"

但出人意料的是，联合国大楼刚刚建成完工，毗邻地价便立刻飙升起来，相当于捐赠款数十倍、近百倍的巨额财富源源不断地涌进了洛克菲勒家族。这种结局，令那些曾经讥讽和嘲笑过洛克菲勒家族捐赠之举的财团和商人们目瞪口呆。

这是典型的"因舍而得"的例子。如果洛克菲勒家族没有做出"舍"的举动，勇于牺牲和放弃眼前的利益，就不可能有"得"的结果。放弃和得到永远是辩证统一的。然而，现实中许多人却执着于"得"，常常忘记了"舍"。要知道，什么都想得到的人，最终可能会为物所累，导致一无所获。

生活就是如此，如果你不可能什么都得到的时候，那么就应该学会舍弃，生活有时候会迫使你交出权力，不得不放走机会和恩惠。然而我们要知道，舍弃并不意味着失去，因为只有舍弃才会有另一种获得。

与其抱残守缺，不如断然放弃

我们常听到人们如此哀叹："要是……就好了！"这是一种明显的内疚、悔恨情绪，而我们每个人都会不时地发出这种哀叹。

悔恨不仅是对往事的关注，也是由于过去某件事产生的现时惰性。如果你由于自己过去的某种行为而到现在都无法积极生活，那便成了一种消极的悔恨了。吸取教训是一种健康有益的做法，也是我们每个人不断取得进步与发展的重要方法。悔恨则是一种不健康的心理，它会白白浪费自己的精力。实际上，仅靠悔恨是无法解决任何问题的。

爱默生经常以愉快的方式来结束每一天。他告诫人们："时光一去不返，每天都应尽力做完该做的事。疏忽和荒唐事在所难免，要尽快忘掉它们。明天将是新的一天，应当重新开始，振作精神，不要使过去的错误成为未来的包袱。"

要成为一个快乐的人，重要的一点是学会将过去的一切通通忘记，努力向着未来的目标前进。

印度圣雄甘地在行驶的火车上，不小心把刚买的新鞋弄掉了一只，周围的人都为他惋惜。不料甘地立即把另一只鞋从窗口扔了出去，让人大吃一惊。甘地解释道："这一只鞋无论多么昂贵，对我来说也没有用了，如果有谁捡到一双鞋，说不定还能穿呢！”

显然，甘地的行为已有了价值判断：与其抱残守缺，不如断然放弃。我们都有过失去某种重要的东西的经历，且大都在心里留下了阴影。究其原因，就是我们并没有调整心态去面对失去，没有从心理上承认失去，总是沉湎于对已经不存在的东西的怀念。事实上，与其为失去的东西懊恼，不如正视现实，换一个角度想问题：也许你失去的，正是他人应该得到的。

令人后悔的事情，在生活中经常出现。许多事情做了后悔，不做也后悔；许多人遇到了后悔，错过了更后悔；许多话说出来后悔，不说出来也后悔……人生没有回头路，也没有后悔药。过去的已经过去，你再无法重新设计。一味地后悔，会让你错过未来的美好时光，给未来的生活增添阴影。

只要你心无挂碍，什么都看得开、放得下，何愁没有快乐的春莺啼鸣，何愁没有快乐的泉溪歌唱，何愁没有快乐的白云飘荡，何愁没有快乐的鲜花绽放！所以，放下就是快乐，不被过去所纠缠，这才是豁达的人生。

错过花朵，你将收获雨滴

生活中有一种痛苦叫错过。人生中一些极美、极珍贵的东西，常常与我们失之交臂，这时，我们总会因为错过美好而感到遗憾和痛苦。其实喜欢一样东西不一定非要得到它，俗话说：

“得不到的东西永远是最好的。”当你为一份美好而心醉时，远远地欣赏它或许是最明智的选择，错过它或许还会给你带来意想不到的收获。

错过了美丽，收获的并不一定是遗憾，有时甚至可能是圆满。

许多的心情，可能只有经历过之后才会懂得，如感情，痛过了之后才会懂得如何保护自己，傻过了之后才会懂得适时的坚持与放弃。在得到与失去的过程中，我们慢慢地认识自己，其实生活并不需要这些无谓的执着，没有什么不能割舍的，学会放弃，生活会更容易！

因此，在你感觉到人生处于最困顿的时刻，也不要为错过而惋惜。失去的说不定会带给你意想不到的收获。花朵虽美，但毕竟有凋谢的一天，请不要再对花长叹了。因为可能在接下来的时间里，你将收获雨滴的温馨和细雨绵绵的浪漫。

勇于选择，果断放弃

生活中，左右为难的情形会时常出现：比如面对两份同时具有诱惑力的工作，两个同时具有诱惑力的追求者。为了得到其中“一半”，你必须放弃另外“一半”。若过多地权衡，患得患失，到头来将两手空空，一无所得。我们不必为此感到悲伤，能抓住人生“一半”的美好已经是很不容易的事情。

面对选择和取舍时，必须要有理性、睿智和远见卓识，不可鼠目寸光，不可急功近利，更不可本末倒置，因小失大。选择不是一锤子的买卖，不能因为一粒芝麻丢了西瓜；不能因为留恋一棵小树而失去整片的森林。

很多时候，我们总是想选择这个的时候，却害怕错过那个，于是拿起来又放下，到最后一刻还在犹豫，这个会有这样的缺点，那个会有那样的不足，所以总迟迟下不了决心，或者选择之后，又来回地更改，在这样患得患失间耽搁了不少时间，浪费了不少精力。世界上没有十全十美的东西，每一样东西都会有它自身的弱点，所以，当你选择之后就大胆地往前走，而不是一步三回头，否则会很大程度地影响前进的进程。

而那些事业有成之士，总会在抉择之后一直走下去。

鲁迅在拯救人的灵魂和人的身体之间选择，成为一代文豪；迈克尔·乔丹放弃了棒球运动员的梦想，成为世界篮坛上最耀眼的“飞人”球星；帕瓦罗蒂放弃了教师职业，成为名扬世界的歌坛巨星……

有些选项看似诱人，但如果不适合自己，那就要果断舍弃。做出什么样的选择，要视自身条件和具体情况而定，要有主见，不能人云亦云。

人生的大多数时候，无论我们怎样审慎地选择，终归都不会是尽善尽美，总会留有缺憾，但缺憾本身也是一种美。

社会大舞台上，每个人都是自己生活和生存方式的编导兼演员。只有学会正确地进行选择，果敢地做出取舍，才能演绎出精彩的人生喜剧。

紧紧攥住黑暗的人永远都看不到阳光

很多人都希望自己获得更多，却不愿意将自己已经获得的东西放手。可是生活常常是这样：如果不舍弃黑暗，就看不到阳光；如果不舍弃小利，就换不来更大的收获。

1984年以前，青岛电冰箱厂生产的冰箱按产品质量分为一等品、二等品、三等品、等外品四类。原因就是在那个时候中国刚刚改革开放，物品缺乏造成市场非常好，只要产品还能用，就可以堂而皇之地送出厂门，而且绝对有市场，绝对卖得掉。就连等外品都能够销售得出去。实在卖不了的产品，就分配给一些员工自用，或者送货上门半价卖掉。

然而，在1985年4月事情发生了改变。张瑞敏收到一封用户的投诉信，投诉海尔冰箱的质量问题。于是，张瑞敏到工厂仓库里去，把400多台冰箱，全部做了检查之后，发现有76台冰箱不合格。为此，恼火的张瑞敏很快找到检查部，让他们看看这批冰箱怎么处理。他们说既然已经这样，就内部处理算了。因为以前出现这种情况都是这么办的，加之当时大多员工家里都没有冰箱，即使有一些质量上的问题也不是不能用呀。张瑞敏说，如果这样的话，就是说还允许以后再生产这样的不合格冰箱。就这么办吧，你们检查部门搞一个劣质工作、劣质产品展览会。于是，他们搞了两个大展室，在展室里面摆放了那些劣质零部件和那76台不合格的冰箱，通知全厂职工都来参观。员工们参观完以后，张瑞敏把生产这些冰箱的责任者和中层领导留下，并且问他们，你们看怎么办。结果大多数人的意见还是比较一致，都说内部处理算了。

但是，张瑞敏却坚持说，这些冰箱必须就地销毁。他顺手拿了一把大锤，照着一台冰箱就砸了过去。然后把大锤交给了责任者，转眼之间，把76台冰箱全都砸烂了。

当时，在场的人一个一个都流泪了。虽然一台冰箱当时才800多元钱，但是，员工每个月的工资才40多块钱，一台冰箱就是他们两年的工资！

通过这件事情，员工们树立起了一种观念，谁生产了不合格的产品，谁就是不合格的员工。一旦树立这种观念，员工们的生产责任心迅速增强，在每一个生产环节都不敢马虎，精心操作。“精细化，零缺陷”变成全体员工发自内心的心愿和行动，从而使企业奠定了扎实的质量管理基础。

经过4年的艰苦历程，也就是1988年12月，海尔获得了中国电冰箱市场的第一枚国内金牌，把冰箱做到了全国第一。

如果当年海尔人都攥着眼前的利益不放，不肯砸烂那些不合格的冰箱，那么，就不会有海尔集团日后的崛起，更不会有如今的声誉。可见，只有肯舍弃的人，才可能获得更多。那些紧紧攥着手里的东西不放的人，也只能是故步自封，得不到更好的发展。

不舍弃鲜花的绚丽，就尝不到果实的香甜

社会发展的速度很快，诱惑随之增多，很多人在诱惑面前停下了自己的脚步。面对层出不穷的诱惑，很多人忘记了自己的方向，在旋涡中纠缠不止，从而平庸一生。

其实，人生的“口袋”只能装载一定的重量，人的前进行程就是一个不断舍弃的过程。没有舍弃，你就有可能被沉重的包袱滞留在前进的途中。

拉斐尔11岁那年，一有机会便去湖心岛钓鱼。在鲈鱼钓猎开禁前的一天傍晚，他和妈妈早早来钓鱼。装好诱饵后，他将渔线一次次甩向湖心，湖水在落日余晖下泛起一圈圈的涟漪。

忽然，钓竿的另一头沉重起来。他知道一定有大家伙上钩，急忙收起渔线。终于，拉斐尔小心翼翼地把一条竭力挣扎的鱼拉出水面。好大的鱼啊！它是一条鲈鱼。

月光下，鱼鳃一吐一纳地翕动着。妈妈打亮小电筒看看表，已是晚上10点——但距允许钓猎鲈鱼的时间还差两个小时。

“你得把它放回去，儿子。”母亲说。

“妈妈！”孩子哭了。

“还会有别的鱼的。”母亲安慰他。

“再没有这么大的鱼了。”孩子伤感不已。

他环视了四周，已看不到一个鱼艇或钓鱼的人，但他从母亲坚决的脸上知道无可更改。暗夜中，那条鲈鱼抖动着笨重的身躯

慢慢游向湖水深处，渐渐消失了。

这是很多年前的事了，后来拉斐尔成为纽约市著名的建筑师了。他确实没再钓到那么大的鱼，但他却为此终身感谢母亲。因为他通过自己的诚实、勤奋、守法，猎取到生活中的大鱼——事业上成绩斐然。

自然界是美丽的，人生也是绚丽的。在几十年的漫漫旅途中，有山有水，有风有雨，有舍弃“绚丽”和“温馨”的烦恼，也有获得“香甜”和“明艳”喜悦，人生就是在舍弃和获得的交替中得到升华，从而到达更高的境界。从这个意义上来说，获得很美好，舍弃也很美丽。

人是有思维、会说话的“万物之灵”，懂得生活中舍弃与获得的道理，必要的舍弃是为了更好地获得。

有人说，人生之难胜过逆水行舟，此话不假。人生在世界上，不如意的事情十之八九，获得和舍弃的矛盾时刻困扰着我们，明白了舍弃之道和获得之法，并运用于生活，我们就能从无尽的繁难中解脱出来，在人生的道路上进退自如，豁达大度。

悬崖深谷处，撒手得重生

悬崖深谷得重生看似一种悖论，实际上却蕴涵着深刻的道理。“悬崖撒手”是一种姿态，美丽而轻盈。放手之后，心灵将获得一片自由飞翔的广袤天空，在瞬间释放与舒展。

行走于人世间，沟沟坎坎不可避免，事情的发展不会总是按照我们的主观想象进行，有时候，万事如意不过是一个美好的心愿罢了。只胡学会放手，才能够逍遥自在，万里行游而心中不留一念。

在英雄传奇与武侠故事中，我们常常看到这样的情景：集万千宠爱于一身的主角被逼到了悬崖边上，下面是湍急的流水，身后是凶悍的追兵，主角仰天一叹，回眸一笑，纵身一跃，与飞流激湍融为一体，令众人不由得扼腕叹息。但是，似乎所有的故事都没有摆脱这样的后续：崖壁上的一棵怪松，或崖下的一汪深潭，总会像母亲温暖的手掌一样，稳稳地将其托起，备受青睐的勇士们还往往能够在这常人到达不了的奇异之地意外发现千年宝藏或旷世秘籍。

有所舍，才能有所收获，唯有放下，才能真提起。放得下的人，不仅要放下自己，还要放下周遭所有的一切。放下也并非完全失去自我，而是指不再有对抗之心，也不再有舍不得，要随时随地对任何事物没有丝毫的牵挂或舍不得，能如此，才谈得上自在。

所谓回头是岸，岸貌似远在天涯。天涯远不远？不远。放下的时候，天涯就在面前。敢于放下，心里真正地放下，你会感到天地原来如此广阔，你会发现你的脚步是如此轻盈平稳，你的心房是如此安稳温馨。

收获的代价就是学会放弃

一个人的精力总是有限的，然而人的欲望却是无尽的，什么都不愿意放弃的人，往往会被欲望冲昏了头脑。我们每个人都面临着很多的诱惑，不可能一切美好的事物都归自己所有。学会放弃的人，才能让自

如今，职场的竞争日益激烈。大学毕业后的小林进入公司工作已经五年了。虽说已经是部门经理，但是由于新技术、新产品不断出现，他经常会感到自己的知识结构老化，力不从心。尤其是新入职的员工都已经是研究生学历了，更增加了他的危机感。所以，他也打算读在职研究生提升自己的知识层次。然而，过了半年，他发现自己总是被各种各样的事情所缠绕。工作之余，要么是有人约他出去唱歌，要么是各种各样的聚餐，再有就是出去旅游。总之，经常疲于应付这些事情，根本抽不出时间来集中精力学习。

时间一晃，又是一年过去了。小林冷静下来，认真审视了自己每天的日程安排，发现自己在无关紧要，甚至是毫无意义的事情上占用了太多的时间和精力。反倒把应该用于学习的时间给挤占了。这使小林下定决心，必须要改变现状，专心来应对学习。否则，就会一事无成。

时间是最公平的，平等地给予了每个人同样的一天、同样的24小时。然而，在同样的时间内，每个人取得的成绩差异却很大。究其原因，对事情的取舍就是其中之一。每个人都可以尝试着把自己每天的日程表列出来，再看看每天在这些事情上所投入的时间和精力，很可能会让你大吃一惊。原来，自己竟然在一些

毫无意义的事情上占用了如此多的时间。如果把这些宝贵的时间分配到重要的事情上来，我们可能会取得更好的成绩。这就给了我们一个启发，要放弃一些无关紧要的事情。这里的放弃是有选择性、有目的性地放下一些事情，即所谓的舍得有方。

有舍才会有得。当你收获了价值更大、更为重要的成果时，你会明白收获的代价就是学会放弃。

无论发生了什么，都没有什么大不了的

如果一个人在46岁的时候，在一次很惨的意外事故中被烧得不成人形，4年后又在一次坠机事故后腰部以下全部瘫痪，会怎么办？

接下来，我们能想象他会变成百万富翁、受人爱戴的公共演说家、扬扬得意的新郎官及成功的企业家吗？我们能想象他会去泛舟、玩跳伞、在政坛角逐一席之地吗？

但这一切，米契尔全做到了，甚至有过之而无不及。在经历了两次可怕的意外事故后，他的脸因植皮而变成一块彩色板，手指没有了，双腿如此细小，无法行动，只能瘫痪在轮椅上。

那次意外事故，把他身上六成以上的皮肤都烧坏了，为此他动了16次手术，手术后，他无法拿起叉子，无法拨电话，也无法一个人上厕所，但以前曾是海军陆战队员的米契尔从不认为他被打败了。他说：“我完全可以掌控我自己的人生之船，那是我的浮沉，我可以选择把目前的状况看成倒退或是一个起点。”6个

月之后，他又能开飞机了！

米契尔为自己在科罗拉多州买了一幢维多利亚式的房子，另外也买了一架飞机及一家酒吧，后来他和两个朋友合资开了一家公司，专门生产以木材为燃料的炉子，这家公司后来变成佛蒙特州第二大私企公司。

意外事故发生后4年，米契尔所开的飞机在起飞时又摔回跑道，把他12段脊椎骨压得粉碎，从此以后腰部以下永远瘫痪！

米契尔仍不屈不挠，日夜努力使自己能达到最高限度的独立自主，他被选为科罗拉多州孤峰顶镇的镇长，以保护小镇的美景及环境，使之不因矿产的开采而遭受破坏。米契尔后来也竞选国会议员，他用一句“不只是另一张小白脸”的口号，将自己难看的脸转化成一项有利的资产。

尽管面貌骇人、行动不便，米契尔却开始泛舟，他坠入爱河且完成终身大事，他拿到了公共行政硕士学位，并持续他的飞行活动、环保运动及公共演说。

米契尔屹立不倒的正面态度，使他得以在《今天看我秀》及《早安美国》节目中露脸，同时《前进杂志》《时代周刊》《纽约时报》及其他出版物也都有米契尔的人物特写。

米契尔说：“我瘫痪之前可以做1万件事，现在我只能做9 000件，我可以把注意力放在我无法再做的1 000件事上，或是把目光放在我还能做的9 000件事上。告诉大家，我的人生曾遭受过两次重大的挫折，而我不能把挫折拿来当成放弃努力的借口。或许你们可以用一个新的角度，来看待一些一直让你们裹足不前的经历。你可以退一步，想开一点儿，然后，你就有机会说：‘或许那也没什么大不了的！’”

抛弃重负，让生命之舟轻扬

一个背着大包裹的忧愁者，千里迢迢跑来拜访一位德高望重的哲人，他诉苦道：“先生，我非常孤独、痛苦和寂寞，长期的跋涉使我疲倦到极点，我的鞋子破了，荆棘刺破双脚，手也受伤了，流血不止；嗓子因为长久的呼喊而喑哑……为什么我还不能找到心中的阳光？”

哲人问：“你的大包裹里装的是什么？”忧愁者说：“它对我可重要了。里面是我每一次跌倒时的痛苦，每一次受伤后的哭泣，每一次孤寂时的烦恼……靠了它，我才能走到您这儿来。”

于是，哲人带着忧愁者来到河边，他们坐船过了河。上岸后，哲人说：“你扛了船赶路吧！”“什么，扛了船赶路？”忧愁者很惊讶，“它那么沉，我扛得动吗？”“是的，孩子，你扛不动它。”哲人微微一笑，说：“过河时，船是有用的。但过了河，我们就要放下船赶路。否则，它会变成我们的包袱。痛苦、孤独、寂寞、灾难、眼泪，这些对人生都是有用的，它能使生命得到升华，但须臾不忘，就成了人生的包袱。放下它吧！孩子，生命不能太负重。”

忧愁者放下包袱，继续赶路，他发觉自己的步子轻松而愉悦，比以前快得多。原来，生命是可以不必如此沉重的。

人生在世，当鱼和熊掌不能兼得的时候，继续为了“兼得”而不做舍弃，这就不是智者的行为。

人生的目的不是面面俱到，不是多多益善，而是把已经掌握的东西得心应手地去运用，它跟宝剑一样，剑刃越薄越好，重量越轻越好。

一个带着过多包袱上路的人注定不会走得快，只有卸下身上的包袱才可能走得更快，我们总是让生命承载太多的负荷，这个舍不得丢掉，那个舍不得抛弃，最终被压弯腰的是我们自己。放下虚荣，放下功利，放下金钱，为我们自己的肩膀减负。

精明者敢于放弃，聪明者乐于放弃，高明者善于放弃。人，其实天生就懂得放弃，但放弃非盲目的，而是选择放弃，重在选择，其次在于放弃，不轻言放弃。而是放弃失落带来的痛楚，放弃屈辱留下的仇恨，放弃心中所有难言的负荷，放弃耗费精力的争吵，放弃没完没了的解释，放弃对权力的角逐，放弃对金钱的贪欲，放弃对虚名的争夺——放弃的是烦恼，摆脱的是纠缠，收获的就是快乐，拥有的就是充实。

放弃是为了更好地拥有。放弃是一种超脱、一种气度，更是一种升华、一种境界。

放下是一种自由和觉悟

要想真正做到放下，不是一件容易的事情。放下是一种觉悟，更是一种自由。如果不懂得放下的艺术，我们难免会变得心胸狭隘。

其实，生活中原本是有许多快乐的事，只是我们常常自生烦恼，“空添许多愁”。许多事业有成的人常常有这样的感慨：事业小有成就，心里却空空的，好像拥有很多，又好像什么都没有。总是想成功后坐豪华游轮去环游世界，尽情享受一番。但真正成功了，却没有时间和心情去了却心愿，因为还有许多事情放不下……

对此，作家吴淡如说得好：“好像要到某种年纪，在拥有某些东西之后，你才能够悟到，你建构的人生像一栋华美的大厦，但只有硬件，里面水管失修，配备不足，墙壁剥落，又很难找出原因来整修，除非你把整栋房子拆掉。你又舍不得拆掉。那是一生的心血，拆掉了，所有的人会不知道你是谁，你也很可能会不知道自己是谁。”仔细体会这段话，我们不就是因为“舍不得”吗？

很多时候，我们舍不得放弃已经走出了很远的路，舍不得放弃对权力与金钱的追逐……于是，我们只能用生命作为代价，透支健康与年华。但谁能算得出，在得到一些自认为珍贵的东西时，有多少和生命休戚相关的美丽像沙子一样从指掌间溜走？我们也很少去思忖：掌中所握的生命沙子的数量是有限的，一旦失去，便再也捞不回来了。

快乐是佛家所说的那种境界，“要眠即眠，要坐即坐”，如果一个人茶饭不宁、百种需求、千般计较，自然谈不上是真正的放下，又如何去感受快乐呢？

向左、向右，还是向前看

每个人自打一出生就面临着许多选择，选择自己喜欢吃的东西，选择自己喜欢穿的衣服，选择自己喜欢的玩具；到后来的选择学校、选择专业、选择对象、选择职业、选择房子……我们在选择中度过自己的每一天。每个人的人生也都是自己选择的，人们或快乐地活着，或悲伤失望地活着，有什么样的选择就会有什么样的人生。选择是人生的第一步，只有选择之后才能为之付出努力，才能够成就自己的人生。面对选择，我们是该向左、向右，还是向前看？

人生如牌局，在打牌的过程中，人们也需要选择出牌还是不出牌、出好牌还是留好牌。选择一个就意味着放弃其他的，所以人总是需要不断地权衡。

人生的旅途中有很多十字路口，你的选择将决定你最后的方向和目的地。慎重地做好每一次选择，其效果有时甚至抵过你几年的努力。

你的人生由你自己决定，你事业的成败也完全是由你自己决定。

一个善于打牌的人就要懂得如何坚定地抉择。当做出一个崭新、认真且坚定不移的决定时，牌局很可能在那一刻改变。有了决定就可以解决牌局中的问题；有了决定就会给牌局带来无限的机会，带来成功的希望，它是一种能把梦幻化为实际的神奇力量，是使无形转变为有形过程的催化剂。

所以，人在行进的过程中要慎重选择，知道自己需要什么、不需要什么，不要被外界的花花绿绿迷了双眼。如果不能对自己的人生做出正确的选择，就会耽误自己的一生。

在人生的道路上，面对众多的十字路口，我们自己要把好这一关，鱼与熊掌不可兼得，所以要慎重选择，确定好自己的人生方向，这样才能更好地为之奋斗！

错过了，就放过

世界上只有两种可以称之为浪漫的情感，一种叫相濡以沫，另一种叫相忘于江湖。没有早一步也没有晚一步，于千万人之中，邂逅了自己的爱人，那是太难得的缘分。如果失之交臂，恐怕一生也不得轻松！

张爱玲小说《半生缘》里的曼桢和世钧，明明相爱，却因命运的捉弄使他们各奔东西，多年以后他们再次相见，痛苦万分，追悔不及，只剩遗憾。也许世间最大的悲剧莫过于两个相恋的人不能牵手一生一世，但是正因为有了遗憾，那份情义才越发显得弥足珍贵，既浸入骨髓又超然永恒。

命运太过于难测，一个小小的变数，就可以完全改变选择的方向。一个任性的转身，也许就是一辈子的错过。错过了一瞬，可能就错过了这一生。所以，在还能够拥有的时候，还能够爱的时候，一定要珍惜，一定要争取和最爱的人相濡以沫。如若不能，就请放过，因为错过的一切都如同错过的时光一样，无法找回。

人生中最令人惋惜的莫过于，因为错过了一棵树，而错过了整片森林；因为摘不到一颗星星，而放弃了整片天空。等年华不再才发现，因为错过一次，所以错过了所有。如果那个人能与你相濡以沫，一生只爱你一个人，那是人生中最大的完满。但是，如若一生只爱一个永远得不到的人，那只是一种激烈的偏执。

人的一生可以爱上很多人，等我们获得真正属于我们的幸福之后，自然会明白以前的放弃其实是一种更好的得到，没有遗憾。痛过了，才会懂得如何保护自己；傻过了，才会懂得适时地坚持与放弃。不能相濡以沫，就一定要相忘于江湖，否则，只会错过更多。

很多时候，我们总是自觉不自觉地把得不到的东西当成是宝贝，却把容易得到的东西当成理所当然的，不知道珍惜，一错再错，结果错过更多。

所以，二十几岁的年轻人，错过了，就一定要坚定地放过。与不爱的人相忘于江湖，才能有机会与相爱的人相濡以沫。有的东西你再喜欢也不会属于你，有的东西你再留恋也注定要放弃，人生中有很多种爱，但别让爱成为一种伤害。

疼的总是不愿意放手的那个人

爱情，就像两个人在拉皮筋，疼的永远是后撒手的那个……二十几岁的年轻人，当爱情已经变味，当你深爱的那个人甘当爱情的叛徒，你又何必执着？他要走就让他走，一切已经无法回头，那又何必再想，何必苦苦哀求？更不要向他报复，要知道，你的幸福其实就已经是对他最大的报复。

爱情之所以是美丽的，正是因为它是自由选择的。他爱你的时候是真的爱你，他不爱你的时候也是真的不爱你。这是他的自由，这是他的选择。女人的人生，不必为他人的自由选择背负责任，你有你的自由，你有你的选择。当爱已远走，何必强留？

爱情不是单行道，一个人的爱情不是爱情，爱情要在两个人的共同呵护下才能绽放出美丽的花朵。如果其中一人心生去意，这朵爱情之花注定会凋谢。女人，相较男人而言，更具有无私奉献的痴情精神，更脆弱，也更容易受伤害。但爱情这个东西，是无法解释的，也难以分辨对错。在爱情破产之后，女人再恒久地期盼和等待，也只能换来更深的痛苦和寂寞。既然心已走远，弥补和挽留又有何用，还是将目光朝向未来吧，前面的路上还会有鲜花和希望，多给自己一次机会，你会发现风景这边独好。

当对方离去时，你不必一边哭泣，一边埋怨自己“他不要我，只是我不够好”，这只是一句蠢话，并非事情的症结所在。或许正是你的好，让他倍感压力，从而心生去意。他觉得与你在一起不能彰显他的强大，他感到了深深地疲惫，渴望摆脱你的阴影。所以，人们之所以坚贞，往往是因为诱惑的力量不够大。

在感情的世界里，全身而进，也要全身而退。当爱情来临，不要怀疑，全身心地投入幸福的甜蜜之中，当爱情之花凋零，决绝地抽身离去。别去恨他，因为恨也是一种变相的爱，证明你还留恋曾经的美好，你心中还残存着一丝纠结。恨也需要力气，对于一段无可挽回的往事，何必再耗费你的力气呢？不如潇洒地和过去挥挥手，道声别，向着前方的阳光走去……

第7章

生活虐我千百遍，我待生活如初恋

生命的百孔千疮，是残忍的慈悲

“金无足赤，人无完人。”即使是全世界最出色的足球选手，10次传球，也有4次失误；最棒的股票投资专家，也有马失前蹄的时候。我们每个人都不是完人，都有可能存在这样或那样的过失，谁能保证自己的一生不犯错误呢？也许只是程度不同罢了。如果你不断追求完美，对自己做错或没有达到完美标准的事深深自责，那么一辈子都会背着罪恶感生活。

过分苛求完美的人常常伴随着莫大的焦虑、沮丧和压抑。事情刚开始，他们就担心失败，生怕干得不够漂亮而不安，这就妨碍了他们全力以赴地去取得成功。而一旦遭遇失败，他们就会异常灰心，想尽快从失败的境遇中逃离。他们没有从失败中获取任何教训，而只是想方设法让自己避免尴尬的场面。

很显然，背负着如此沉重的精神包袱，不用说在事业上谋求成功，在自尊心、家庭问题、人际关系等方面，也不可能取得满意的效果。他们抱着一种不正确和不合逻辑的态度对待生活和工作，他们永远无法让自己感到满足。

事实上，世界上根本就没有真正的“最大、最美”，人们要学会不对自己、他人苛求完美，对自己宽容一些，否则会浪费掉许许多多的时间和精力，最终只能在光阴蹉跎中悔恨。

世界并不完美，人生当有不足。对于每个人来讲，不完美的生活是客观存在的，无须怨天尤人。不要再继续偏执了，给自己的心留一条退路，不要因为不完美而恨自己，不要因为自己的一时之错而埋怨自己。看看身边的朋友，他们没有一个是十全十美的。

完美往往只会成为人生的负担，人绷紧了完美的弦，它却可能发不出优美的声音来。那些爱自己、宽容自己的人，才是生活的智者。

人生有多残酷，你就该有多坚强

成就平平的人往往是善于发现困难的“天才”，他们善于在每一项任务中都看到困难。他们莫名其妙地担心前进路上的困难，这使他们勇气尽失。他们对于困难似乎有惊人的“预见”能力。一旦开始行动，他们就开始寻找困难，时时刻刻等待着困难的出现。当然，最终他们发现了困难，并且被困难击败。这些人似乎戴着一副有色眼镜，除了困难，他们什么也看不见。他们前进的路上总是充满了“如果”“但是”“或者”和“不能”。这些东西足以使他们止步不前。

一个向困难屈服的人必定会一事无成，很多人不明白这一点。一个人的成就与他战胜困难的能力成正比。他战胜越多别人所不能战胜的困难，他取得的成就也就越大。如果你足够强大，那么困难和障碍会显得微不足道；如果你很弱小，那么障碍和困难就显得难以克服。有的人虽然知道自己要追求什么，却畏惧成功道路上的困难。他们常常把一个小小的困难想象得比登天还难，一味地悲观叹息，直到失去了克服困难的机会。那些因为一点点困难就止步不前的人，与没有任何志向、抱负的庸人无异，他们终将一事无成。

成就大业的人，面对困难时从不犹豫徘徊，从不怀疑自己克服困难的能力，他们总是能紧紧抓住自己的目标。对他们来说，自己的目标是伟大而令人兴奋的，他们会向着自己的目标坚持不懈地攀登，而暂时的困难对他们来说则微不足道。伟人只关心一个问题：“这件事情可以完成吗？”而不管他将遇到多少困难。只要事情是可能的，所有的困难就都可以克服。

我们随处可见自己给自己制造障碍的人。在每一个学校或公司董事会中或多或少地都有这样的人。他们总是善于夸大困难，小题大做。如果一切事情都依靠这种人，结果就会一事无成。如果听从这些人的建议，那么一切造福这个世界的伟大创造和成就都不会存在。

一个会取得成功的人也会看到困难，却从不惧怕困难，因为他相信自己能战胜这些困难，他相信一往无前的勇气能扫除这些障碍。有了决心和信心，这些困难又算得了什么呢？对拿破仑来说，阿尔卑斯山算不了什么。并非阿尔卑斯山不可怕，冬天的阿尔卑斯山几乎是不可翻越的，但拿破仑觉得自己比阿尔卑斯山更强大。

乐观地面对困难，多一些快乐，少一些烦恼，你会惊奇地发现，这不仅会使你的工作充满乐趣，还会让你获得幸福。你会发现，自己成了一个更优秀、更完美的人。你用充满阳光的心灵轻松地去面对困难，就能保持自己心灵的和谐。而有的人却因为这些困难而痛苦，失去了心灵的和谐。

你怎样看待周围的事物完全取决于你自己的态度。每一个人的心中都有乐观向上的力量，它使你在黑暗中看到光明，在痛苦中看到快乐。每一个人都有一个水晶镜片，可以把昏暗的光线变成七色彩虹。

生命中的痛苦是盐，它的咸淡取决于盛它的容器

从前有座山，山里有座庙，庙里有个年轻的小和尚，他过得很不快乐，整天为了一些鸡毛蒜皮的小事唉声叹气。后来，他对师父说："师父啊！我总是烦恼，爱生气，请您开示一下我吧！"

老和尚说："你先去集市买一袋盐。"

小和尚买回来后，老和尚吩咐道："你抓一把盐放入一杯水中，待盐溶化后，喝上一口。"小和尚喝完后，老和尚问："味道如何？"

小和尚皱着眉头答道："又咸又苦。"

然后，老和尚又带着小和尚来到湖边，吩咐道："你把剩下的盐撒进湖里，再尝尝湖水。"弟子撒完盐，弯腰捧起湖水尝了尝，老和尚问道："什么味道？"

"纯净甜美。"小和尚答道。

"尝到咸味了吗？"老和尚又问。

"没有。"小和尚答道。

老和尚点了点头，微笑着对小和尚说道："生命中的痛苦就像盐的咸味，我们所能感受和体验的程度，取决于我们将它放在多大的容器里。"小和尚若有所悟。

老和尚所说的容器，其实就是我们的心量，它的"容量"决定了痛苦的浓淡，心量越大烦恼越轻，心量越小烦恼越重。心量小的人，容不得，忍不得，受不得，装不下大格局。有成就的人，往往也是心量宽广的人，看那些"心包太虚，量周沙界"的古圣大德，都为人类留下了丰富而宝贵的物质财富和精神财富。

其实，我们每个人一生中总会遇到许多盐粒似的痛苦，它们在苍白的心境下泛着清冷的白光，如果你的容器有限，就和不快乐的小和尚一样，只能尝到又咸又苦的盐水。

一个人的心量有多大，他的成就就有多大，不为一己之利去争、去斗、去夺，扫除报复之心和嫉妒之念，则心胸广阔天地宽。当你能把虚空宇宙都包容在心中时，你的心量自然就能如同天空一样广大。无论荣辱悲喜、成败冷暖，只要心量放大，自然能做到风雨不惊。

寒山曾问拾得："世间有人谤我、欺我、辱我、笑我、轻我、贱我、骗我，如何处之？"拾得答道："只要忍他、让他、避他、由他、耐他、敬他、不理他，再过几年，你且看他。"如果说生命中的痛苦是无法自控的，那么我们唯有拓宽自己的心量，才能获得人生的愉悦。通过内心的调整去适应、去承受必须经历的苦难，从苦涩中体味心量是否足够宽广，从忍耐中感悟暗夜中的成长。

心量是一个可开合的容器，当我们只顾自己的私欲，它就会愈缩愈小；当我们能站在别人的立场上考虑，它又会渐渐舒展开来。若事事斤斤计较，便把自心局限在一个很小的框框里。这种处世心态，既轻薄了自身的能力，又轻薄了自己的品格。

心量是大还是小，在于自己愿不愿意敞开。一念之差，心的格局便不一样，它可以大如宇宙，也可以小如微尘。我们的心，要和海一样，任何大江小溪都要容纳；要和云一样，任何天涯海角都愿遨游；要和山一样，任何飞禽走兽，都不排斥；要和土地一样，任何脚印车轨，都能承担。这样，我们才不会因一些小事而心绪不宁、烦躁苦闷！

把心打开吧，用更宽阔的心量来经营未来，你将拥有一个别样的人生！

心不怨恨则宽容，心存善良则美好

我们常常在自己的脑子里预设一些规定，以为别人应该有什么样的行为，如果对方违反规定就会引起我们的怨恨。其实，因为别人对“我们”的规定置之不理就感到怨恨，是一件十分可笑的事。大多数人都一直以为，只要我们不原谅对方，就可以让对方得到一些教训，也就是说，只要我不原谅你，你就没有好日子过。而实际上，不原谅别人，表面上是那人不好，其实伤害的却是我们自己，生一肚子窝囊气不说，甚至连觉都睡不好。这样看来，报复不仅让我们不能实现对别人的打击，反倒对自己的内心是一种摧残。

仇恨是带有毁灭性的情感，只会激化矛盾，酿成大祸。宽容的心却能轻易将恨意化解，让紧张的气氛化成脉脉温情。能将宽容之心给予敌人，已经可以称得上圣洁了，即便只是一个贫苦的犹太老妇人，也完全担得起“伟大”两个字。

人生总有存在的意义，如果只为一个仇恨的目的而生存，那么仇恨会毁掉你的心智、迷惑你的眼睛、吞噬你的心灵。报复是一把双刃剑，它不但会伤害到别人，还会使你自己落入恨的陷阱，恨会使你看不到人间的关爱与温暖，即使在夏日也只能感受到严冬般的寒冷。

既然我们都举目共望同样的星空，既然我们都是同一星球的旅伴，既然我们都生活在同一片蓝天下，那我们为什么还总是彼此为敌呢？请不要忘记世间唯有两个字可使你和他人的生活多姿多彩，那就是宽容。

如果抱怨能让你抱出金砖来，你就一抱再抱

在现实中，我们难免要遭遇挫折与不公正的待遇，每当这时，有些人往往会产生不满，不满通常会引起牢骚，希望以此引起更多人的同情，吸引别人的注意。从心理角度讲，这是一种正常的心理自卫行为。但这种自卫行为同时也是许多人心中的痛，牢骚、抱怨会削弱责任心，降低工作积极性，这几乎是所有人为之担心的问题。

通往成功的征途不可能一帆风顺，遭遇困难是常有的事。事业的低谷、种种的不如意让你仿佛置身于荒无人烟的沙漠，没有食物也没有水。这种漫长的、连绵不断的挫折往往比那些虽巨大但却可以速战速决的困难更难战胜。在面对这些挫折时，许多人不是积极地去找方法化险为夷，绝处逢生，而是一味地急躁，抱怨命运的不公平，抱怨生活给了他的太少，抱怨时运不佳。

提及抱怨与责任，有位企业领导者一针见血地指出：“抱怨是失败的一个借口，是逃避责任的理由。这样的人没有胸怀，很难担当大任。”仔细观察任何一个管理健全的机构，你会发现，没有人会因为喋喋不休的抱怨而获得奖励和提升。这是再自然不过的事了。想象一下，船上的水手如果总不停地抱怨：这艘

船怎么这么破，船上的环境太差了，食物简直难以下咽，以及有一个多么愚蠢的船长。这时，你认为，这名水手的责任心会有多大？对工作会尽职尽责吗？假如你是船长，你是否敢让他做重要的工作？

一个人的发展往往会受到很多因素的影响，这些因素有很多是自己无法把握的，工作不被认同、才能不被重用、职业发展受挫、上司待人不公平、别人总用有色眼镜看自己……这时，能够拯救自己出泥潭的只有自己，与其抱怨不如改变。

比尔·盖茨曾告诫初入社会的年轻人：社会是不公平的，这种不公平遍布于个人发展的每一个阶段。在这一现实面前任何急躁、抱怨都没有益处，只有坦然地接受这一现实并努力去寻求改变的方法，才能改变这种不公平，使自己的事业有进一步发展的可能。

把眼泪留给最疼你的人，微笑留给伤你最深的人

一个成功的人，一个有眼光和思想的人，都会感谢折磨自己的人和事，唯有以这种态度面对人生，才能走向成功。

人生活在这个世界上，总会经历这样那样的烦心事，这些事总是会折磨人的心，使人不得安稳。尤其对于刚刚大学毕业的年轻人，他们刚在社会中立足，还未完全成长起来，却要承受社会的种种压力，比如待业、失恋、职场压力等。而且还没有脱掉学生气的他们本身就是一个脆弱的群体，往往在这些折磨面前束手

无策。

其实，世间的事就是这样，如果你改变不了世界，那就要改变你自己。换一种眼光去看世界，你会发现所有的“折磨”其实都是促进你成长的“清新氧气”。

人们往往把外界的折磨看作人生中消极的、应该完全否定的东西。当然，外界的折磨不同于主动的冒险，冒险可以带来一种挑战的快感，而我们忍受折磨总是迫不得已的。但是，人生中的折磨总是完全消极的吗?

生命是一次次的蜕变过程。唯有经历各种各样的折磨，才能增加生命的厚度。只有通过一次又一次与各种折磨握手，历经反反复复几个回合的较量之后，人生的阅历就在这个过程中日积月累、不断丰富。

在人生的岔道口，若我们选择了一条平坦的大道，我们可能会有一个舒适而享乐的青春，但我们会失去很好的历练机会；若我们选择了坎坷的小路，我们的青春也许会充满痛苦，但人生的真谛也许因此被我们发现了。

蝴蝶的幼虫是在茧中度过的，当它的生命要发生质的飞跃时，狭小通道对它来讲无疑成了鬼门关，那娇嫩的身躯必须竭尽全力才可以破茧而出，许多幼虫在往外冲的时候力竭身亡。

有人怀了悲悯恻隐之心，企图将那幼虫的生命通道修得宽阔一些，他们用剪刀把茧的洞口剪大。但是，这样一来，所有受到帮助而见到天日的蝴蝶无论如何也飞不起来，只能拖着丧失了飞翔功能的双翅在地上笨拙地爬行！原来，那“鬼门关”般的狭小茧洞恰是帮助蝴蝶幼虫两翼成长的关键所在，穿越的时候，通过用力挤压，血液才能被顺利输送到蝶翼的组织中去；唯有两翼充血，蝴蝶才能展翅飞翔。人为地将茧洞剪大，蝴蝶的翼翅就没有充血的机会，爬出来的蝴蝶便永远与飞翔绝缘。

一个人的成长过程恰似蝴蝶的破茧过程，在痛苦的挣扎中，意志得到磨炼，力量得到加强，心智得到提高，生命在痛苦中得到升华。当你从痛苦中走出来时，就会发现，你已经拥有了飞翔的力量。如果没有挫折，也许就会像那些受到“帮助”的蝴蝶一样，萎缩了双翼，从而平庸一生。

失败和挫折，其实并不可怕，正是它们才教会我们如何寻找到经验与教训。如果一路都是坦途，那我们也只能沦为平庸。

没有经历过风霜雨雪的花朵，无论如何也结不出丰硕的果实。或许我们习惯羡慕他人所获得的成功，但是别忘了，温室的花朵注定经不起风霜的考验。正所谓“台上十分钟，台下十年功”，在光荣的背后一定会有汗水与泪水共同浇铸的艰辛。

所以，一个成功的人，一个有眼光和思想的人，都会感谢折磨自己的人和事，唯有以这种态度面对人生，才能走向成功。

一生气，你就输了

纵使人生中有再多的磨难和考验，我们也不能像一个被充涨了的气球一样，“嘭”的一声，就剩下“粉身碎骨”。

气球越是鼓足了气，就越容易爆炸，人也是一样，心里存有太多气，不仅伤心也会伤身。莎士比亚说：“不要因为你的敌人燃起一把火，你就把自己烧死。”所以，当我们意识到自己的情绪波动的时候，就应该努力用理智去控制，而不要让自己的情绪随意地发泄出来。

但是，现实生活中，能够以自己的理智控制情绪的人并不多。通常情况下，我们都是在情绪的左右下生活。有时候，很多事情堆积在一起，就会让我们很生气，甚至到了理智根本无法控制的地步。这个时候，我们不妨给自己找一个“出气口”，让自己的精神得到缓解，也就不会那么生气了。

何苦要气？何苦要拿别人的错误来惩罚自己？人生短短几十年，幸福和快乐尚且享受不尽，哪里还有时间去气呢？所以，我们应该学会消气，学会控制自己的情绪。在生活中，遇到烦心事在所难免，此时，内心的郁闷、愤怒总想找个地方发泄一下，不然会感到心里憋得慌。找朋友或同学诉说自然是个好方法，但有时有些话不能对别人说，同时怒气也不能往别人身上撒。那怎么办呢？

网球巨星桑普拉斯一次在争夺大满贯杯冠军比赛时，与对手陷入苦战，不料中场休息时，他却在众目睽睽下，手抱浴巾，失声痛哭，原来当年他的启蒙教练兼好友因病亡故，心情已受影响，现在又在比赛中承受如此巨大的压力，因而百感交集地哭泣。有人可能会觉得怎么一个大男人竟会在这种公共场合落泪，然而桑普拉斯之所以能称霸网坛，除了他的球技外，在情绪及心理的反应上都高人一筹，因此他能每每在紧要关头化险为夷，赢得胜利，包括那场比赛。

每个人都有不同的发泄方式，所以选择哭泣也不是什么丢脸的行为。只要我们没有做过伤害别人的事情，没有把别人当成自己的“出气筒”，那么即使满脸泪水又何妨？

不要为旧的悲伤，浪费新的眼泪

为了采集眼前将逝的花朵而花费太多的时间和精力是不值得的，道路还长，前面还有更多的花朵，吸引我们一路走下去……

我们生活在现在，面向着未来，过去的一切，都被时间之水冲得一去不复返。所以，我们没有必要念念不忘曾经的那些不愉快、那些与别人的仇怨。念念不忘，只能被它腐蚀，而变得更加憎恨和怨怼。

文学大师鲁迅笔下的祥林嫂，心爱的儿子被狼叼走后，痛苦得心如刀剜，她逢人就诉说自己儿子的不幸。起初，人们对她还寄予同情。但她一而再、再而三地讲，周围的人们就开始厌烦，她自己也更加痛苦，以致麻木了。老是向别人反复讲述自己的痛苦，就会使自己久久不能忘记这些痛苦，更长久地受到痛苦的折磨。

当然，我们不是主张采取逃避的态度。而是说，一方面，情感不要长久地停留在痛苦的事情上；另一方面，我们的理智应当多在挫折和坎坷上寻找突破口，力争克服它、解决它。

学会忘记可以使我们真正放下心中的烦恼和不平衡的情绪。让我们在失意之余，有机会喘一口气，恢复体力。

真正说来，一个人并不那么容易忘掉伤心的往事。不过，当它浮现时，我们必须懂得不陷于悲伤的情绪，必须提防自己再度陷入愤恨、恐惧和无助的哀愁里。这时，最好的方法就是专心工作，计划未来，或者去运动、旅行。有一首禅诗说：

春有百花秋有月，夏有凉风冬有雪。

若无闲事挂心头，便是人间好时节。

一个人如果学习了忘怀之道，不愉快便自然消失，代之的是朝气蓬勃的新生，成功将发出耀眼的光辉。有许多事情，遗忘是一种解脱，是心灵的净化，是伤口痊愈的良药。

人生没有很多如果，人的生命和时间总是有限的，当你看完老人的日记以后也许就能明白为什么很多老人总是会有一副安详的表情，不急不躁，不过喜也不大悲，因为他们懂得时间的宝贵，把珍贵的时间用来感伤过去，那是在浪费生命。忘记过去，生命应该有更好的价值可以实现。

让自己幸福，是最好的“报复”

近年来，演艺圈内屡屡爆出某某歌手、某某影星为情自杀，于是很多人在听到这些消息后纷纷感慨：看来感情还是不沾为好。

可是，不管别人的感情给了我们怎样的启示，我们因其他人的恋爱悲剧怎样欷歔感叹，当我们走进感情的世界，也可能会变得不够理智，从别人那里学到的经验和技巧，一时间都不能发挥出理想的作用。所以，尽管在爱情的世界里发生的故事有着很大的雷同性，可是每个人都能从中得到不一样的体会，并且对那些体会乐此不疲。

有句话说："给你一点儿阳光，你就春光灿烂；给你一个微笑，你就感情泛滥。"这就好比经济学中的"乘法效应"。两个深陷爱河里的人，眼睛里看到的都是"爱"。对方给予一个笑脸，是对自己的肯定；给予一种忧伤，也会认为是在为能否给自己幸福而担忧吧。只要一牵手，就能想到一辈子：结婚，生孩子，白头偕老。

经历过爱情的人，都想沉浸在幸福里。哪怕只是一场春梦，也不愿意从中醒过来。所以，当面对分手的时候，人们是多么想要将时光逆转，从当前撕心裂肺的痛苦中回到以前的甜蜜。可是感情就像人的身体一样，会疲劳，也会生病。每一段感情都多多少少有些病症，只是有些比较轻、有些比较重。发现的时候，我们可以给它吃药、打针，甚至动手术，想尽办法要让它恢复健康。可是如果它已经进入了绝症的晚期，那又能怎么办呢？

分手的人，总会以为自己站在了悬崖边上，不会再有人拯救自己，于是很多人那么轻易地就放弃了自己的生命，可是在这个离婚率越来越高的社会里，谁不是在黑暗中独自舔舐自己的伤口，又在白天里坚强的欢笑？

千里我独行，不必相送，更不必再用多余的暧昧牵绊住分离的脚步。遇到合适的人，尽管可能已经押上了自己的全部，可是当苦痛来临的时候，也要活出自己的坚强。

要挽回一个变心的人，有时候比重新爱上一个人更难。曾爱过的人放弃了我们，已经把我们推入痛苦的深渊，就别再指望他能发善心把我们给救上来。这个时候，最好的方法就是放下那根折断的稻草，重新抓住一根再爬上来。

要明白，死亡并不是对负心人最好的报复，放弃自己也不会赢得更多的怜悯。在面对新人的欢笑的时候，他早就把对你的内疚忘到脑后去了。如果我们想在负心人面前活得有点尊严的话，唯一的方法就是让自己更幸福！